高效能人士的100种工作方法

High Efficiency

畅销3版

顾嘉◎著

中国法制出版社
CHINA LEGAL PUBLISHING HOUSE

Preface

前言

在当今互联网时代，资讯一日千里，人们的生活逐步复杂化和多元化。核心力量的提升使得社会对人的要求更为严苛，让人感觉越来越紧迫和心力交瘁。“每天忙得不行，都不知道自己到底做了什么？”“一上午都过去了，我昨天放在桌子上的文件还没找到。”“糟糕，我刚才做的文案放哪儿了？”“为什么别人看起来很轻松，只有我每天这么累？”人们最大的困惑，是迷茫与焦虑，是觉得无论怎么努力，都找不到一条通往未来的捷径。

其实，我们的烦恼来自头脑的不清晰，来自对身边之物束手无策的管理，我们一直在寻找一种更好的办法来梳理自身的思绪和周围的事物，但苦于没有系统地学习，所以陷入迷茫和困顿。

工作其实是一场战斗。从早上起来加入战斗，到晚上拖着疲惫的身子回到家里，你总觉得一天下来，像是经历了一场激烈的竞赛，而且常常输得一塌糊涂。到底是什么在干扰着你，阻碍着你发挥战斗力呢？案头一件没完又来一件的任务，不停涌进的电子邮件，堆积如山的资料，还有数不清的电话和客户的接待，它们像一条条寄生虫一样吞噬着你宝贵的时间。事情越堆越多，工作没有任何进展，压力越来越重，这些让你感觉自己快喘不过气来。此时，你最需要的是一套系统管理自己和日常事务的方法。

还记得上学时那些用功努力最后却名落孙山的同学吗？其实，他们不是不够用功、不够努力，而是学习的方法错了。同样，工作亦是如此，那些在工作中勤勤恳恳的人不一定会有骄人的成绩，只有善于工作，用对方法的人才能受到青睐，才能赢得未来。

生活中，我们欣赏那些花费了大量时间最终做成一件事的人，但我们更敬佩那些没有花费多长时间就高效完成任务的人。那些优秀的人士无一不是如此，他们非常善于规划和整理自己手头的事务，总能用极短的时间做成一件事。其实，他们不过是掌握了某种高效工作习惯的人，只要我们能掌握它，我们也能像他们一样成功。

这本书就是为你量身定做的一本提升个人工作效能的书。它从时间管理、目标管理、高效思维、要事法则、整理艺术、专注力、创新力、管理团队、高效沟通及精诚合作十方面入手，帮助你在工作中提升绩效，重塑自信。

这个世界虽然在不断变化，但一些方法永远不会变。放眼望去，我们看得见、看不见的世界堆满一堆零乱的杂物，等待着我们用生命之箭去理顺。有句话说，一个人最重要的不是努力，而是找准自己的方向，当我们找准了自己的方向，视野变得清晰时，才能剔除烦恼和愁思，让一切变得豁然开朗起来。

Contents
目录

第五章 工作效率是整理出来的

第六章 认真专注，最大限度发挥自身潜力

第一章

管理好你的时间，去做更多的事

每天挤出一小时

有一个名叫托马斯·华生的人，最早领导了IBM电脑公司走向成功。他曾有一条著名的格言，这条格言只有一个词——“思考”。“思考”一直被他在工作中奉为圭臬，在他看来，员工越能开动脑筋思考，公司就越容易获得成功。

在我们平时的生活中，忙碌成了常态，我们很少花时间去思考事情。然而，如果不进行思考，我们的工作和生活将会是什么样子呢？我们会迷失在充满各类问题的日常生活中，在各种业务间忙忙碌碌，疲于奔命，依靠幻想实现自己的未来。久而久之，我们变得浑浑噩噩，我们的工作效率低下，更谈不上人生价值的实现了。

其实，我们每天只要花一点时间思考一下当天需要做的事，就能从迷茫与疲惫中抽离出来。事实上，有些成功者并不是天赋异禀，也不是在专业上比我们多么厉害，他们只是善于利用时间，是巧妙利用时间的高手。

休格·布莱克是一个从未受过高等教育的人，但他非常热爱学习。他每天都会从枯燥的工作和生活中挤出一小时到美国国会图书馆去看书。数十年如一日的勤奋耕读，使他后来成了美国最高法院的法官，也成了最高法院中知识最渊博的人士。

世界织布业的巨头之一威尔福莱特·康，在事业如日中天的时候，突然喜欢上了绘画。尽管工作十分忙碌，但他仍渴望继续这项兴趣爱好。在很多人看来，他不可能有时间做这件事，但他坚持无论付出多大牺牲，每天一定要抽出一小时来画画。他每天清晨5点前就起床，一直画到吃早饭。

后来，他多次举办个人画展，其中有几百幅画被一些收藏家以高价买走。

富兰克林·费尔德曾发表过一番精辟的论述：“成功与失败的分水岭可以用这五个字来表达——‘我没有时间’。”是的，那些成功人士在工作中之所以看起来非常高效，不是因为他们有多少空闲时间，而是因为在忙碌的日子里，他们也会要求自己每天抽出那么一点点时间，做自己希望做的事，即使每天只有一小时，如果持之以恒，也一样可以有很大的成就。

那么，如何在忙碌的生活中挤出一小时的时间呢？只要你愿意，有很多办法可以一试。

1. 最大限度地利用过渡时间

从早晨起床到上班以及从下班到回家的这段时间，我们称为过渡时间。你可以在刮胡子时进行头脑风暴，捕捉创意，在穿衣服时思考一天要做的事情，在等车或上班途中，借助收音机、手机等工具听新闻、听讲座、看电子书、看视频教程或了解自己感兴趣的事情。只要你懂得利用，每一刻时间，你都能同时进行两到三件事。

2. 喝咖啡时间的正确用法

你可以利用这段时间好好放松一下，顺便处理下你的日常杂事。

3. 会利用等待时间

在等地铁或公交的时候，你可以利用等候时间来处理那些一直困扰你的问题。不妨对问题进行深入思考，或许你并不能解决问题，但至少可以找到突破点，打开一些思路。

4. 正确使用睡眠时间

医学家曾研究发现，很多人实际上并非需要那么多的睡眠时间。当我们发现自己在少睡一些的情况下，仍然可以精神百倍地处理工作，并且不影响身体健康时，何不尝试将自己的睡眠时间减少半小时呢？这样算下来，一年之内我们可以为自己节约出将近一个星期的时间。

5. 打破帕金森定律

帕金森定律是英国政治学家西里尔·诺斯古德·帕金森为揭露英国政治社会制度中官僚主义组织结构的弊端而提出来的，意在嘲讽政治机构的臃肿和低效。它的含义是：在工作中，只要还有时间，就将工作不断扩展下去，不管是否有效率，直到将所有的时间用完为止。由此产生的不良现象是：人浮于事，相互扯皮，工作效率低下。其实，你完全可以利用工作中空闲的时间看看相关专业的书，拓展自己的知识面，提升自己的业务能力。

时间是挤出来的，只要我们愿意，总能为自己寻找到机会，每天安排出一小时来学习。即使每天看起来没有做出多大的事情，但假以时日，你就会看到前所未有的收益。每天抽出一小时，去做你想做的任何事，抓住这一点时间，使你的心灵变得更美丽，生活更有情趣，生命更有意义。

早起一小时，为要办的事情做准备

以往的时间管理是“运用密度”与“化零为整”。例如，原本需要三小时才能做好的事，人们想的是怎么能够在一小时内完成；或是利用每天搭车通勤的零碎时间，准备资格考试；或是运用通信工具，有效处理事情。现在时间管理的新战场已经开始向早晨延伸。

当下，有一种人被称为“晨型人”，他们往往比普通人早起一个小时，利用早上宝贵的一个小时做很多事情，让自己在新的一天拥有充沛的精力，为自己的人生开拓不同的可能性。

如今，早起已经不再是个别行动，它被很多人当作一种健康和高效的生活理念，正在掀起风潮。古语说："一年之计在于春，一日之计在于晨。"如果一个人能将自己的早晨时光好好地利用起来，他就能比别人收获更多。

一些著名企业家，利用早上的时间，思考当天的工作内容，常常能比竞争对手提前做出策略。因为有了主动权，就不会每天被问题追着跑。这些企业家深深地体会到时间的魔力。台塑集团创始人王永庆就是一个典型的"晨型人"，他不光自己早上起来工作和运动，也鼓励家人这样做。

职场上的年轻人在快节奏的生活压力下，白天忙忙碌碌，晚上下班后还要忙着和同事、客户吃饭，以维系人脉，没有时间做自己的事。即使回到家后，当父母的还要陪小孩，等一切忙完，洗完澡后，就差不多该睡觉了。而晚睡晚起或是熬夜之后大睡一天，会对人的神经造成负面影响，导致人的判断力变弱、白天的注意力不集中。所以，为了改变这种现状，他们也开始早睡早起。

早睡早起对人的身体健康与工作效率都有很大的好处。每天早起一小时，一年下来就能多出 15 天。如果我们能有效地利用这段时间，就可以多读很多好书、提高自己的外语能力、练出好身材、拓展兴趣或专长等。人生另一种可能性，或许就在这里展开。

早起的另外一个好处是可以锻炼人的意志力。韩国前总统李明博，每天清晨 4 点半起床，运动一小时，阅读一小时，从不间断。这位种过田，当过市场清洁工、建筑工人，曾任现代集团旗下现代建设 CEO 的总统，就是通过早起的习惯锻炼自己坚韧的意志力。

所以，如果你也想拥有高效的工作方式，就从早起一小时开始吧。

1. 早起做运动，可以振奋一天的精神

早上醒来后，你需要在床上做一些小小的伸展运动，如膝靠胸运动、

抱膝运动、脊椎扭转运动、猫式伸展运动、双脚蹬车运动等。它可以帮你放松你的肌肉，让你的血液流通更加流畅。这些运动可以让你感觉舒爽，更好地开始新的一天。当然，你也可以慢跑一公里，或者做瑜伽等，让身体逐渐恢复活力。

2. 早起看书效率最高

早上起来，人的大脑经过一夜的休整，正是接收信息的最佳时刻，这时候，如果你去背单词或者记忆一些专业方面的知识，能够起到很好的效果。

3. 早起悟人生，发挥创意

早上是一个人灵感最活跃的时刻，这时候人的领悟力也最强，如果进行创作往往能捕捉到新奇的意象，创作出高质量的作品。台湾知名画家、诗人和作家蒋勋先生最黄金的工作时间一直是早上 6 点至 9 点，在这 3 个小时里，他能够集中所有精力投入创作。他的很多画作都是在清晨的时光中参悟与创作出来的。

抓住一生中的“黄金时间”

规划时间时除要分清事情主次并进行合理归纳总结外，还要注意把握黄金时间。那么，什么是黄金时间呢？每个人都有两种黄金时间，它们分别是内部黄金时间和外部黄金时间。

内部黄金时间是我们的精神状态处于最高潮时候的时间段，在这段时间里，我们的潜能能够最大限度地发挥出来，工作效率也最高。通常来说，我们一天当中有四个黄金时间。如果我们能够把握这四段时间，合理安排自己的工作，就能高效地完成事务。

第一，早上起床后。这个时段，人的精神状态最佳，认、记印象清晰，适合学习和记忆那些难记又必须记忆的内容，如外语、地名、人名、地理位置、事件等。

第二，早上 8 点到上午 10 点。这个时段，人体内的肾上腺素等激素分泌旺盛，人脑处于最易建立条件反射的中度兴奋状态，具有严谨、周密的记忆能力、思考能力和较强的信息处理能力，此时人的精力最充沛，思维敏捷，大脑活跃，最好去做一些重要的事情，攻克较难的事务。

第三，下午 6 点到晚上 8 点。这个阶段是人的记忆效果最好的时段，适合用来回顾当天的事情，也是整理笔记的最佳时间。充分利用好这个时间段，可以巩固和完善一天的工作。

第四，临睡前。临睡前也是人的记忆力比较好的时段，在这段时间看书，往往能很快记忆一些知识，同时也能为你的睡眠做好准备。

当然，内部黄金时间也因人而异，也就是说，人与人之间的内部黄金时间是不一样的。比如，有的人在凌晨起床时记忆力最好，精神状态最佳；有的人则在傍晚时表现出最好的精神状态；还有的人可能在晚上或者上午呈现出饱满的工作热情，创造性最强。

那么，你想知道自己在哪个时间段里思维最灵活、最清晰吗？

你可以随意选择两个时间段，如上午 10 点到 12 点，下午 3 点到 5 点。然后，在接下来的两个星期里，你仔细观察自己在这两个时间段中的哪个时间段里精神状态最佳，而这个时间段就是你的内部黄金时间。

在确立自己的内部黄金时间后，你可以选择在这段时间里处理最为棘手的难题或者最为重要的工作任务。

对于某些商务人士来说，他们的最佳精神状态大约出现在刚刚上班的两小时时间里，可这段时间，他们大多用来处理一些不重要的工作，如与同事聊天、读报纸、打电话等，其实，这是一种误区，他们不应该拿这部分时间来处理那些不重要或者无聊的事情。

所谓外部黄金时间，就是指你在和周围人，如同事、领导、朋友、家人等打交道时，他们最能帮你做出决定，给你答复，并愿意为你提供信息的时间。

比如，领导吃完午饭准备休息的时间，你可以将当天需要批示的文件送交领导批示；或者说你可以趁领导在即将离开办公室外出办公时，抓紧时间向他请示，这个时间段就是你的外部黄金时间，通常容易办成事。而对于推销人员，或者需要拜访客户的经理人员来说，早上 9 点至下午 5 点的这段时间就是他们的外部黄金时间，因为在这段时间里，客户通常都会待在自己的办公室里。

利用“二八法则”，将主要精力用在关键点上

在管理学原理中，有这样一个法则——“二八法则”，又名“80/20 定律”“帕累托法则”等。该法则所包含的意义是：在企业生产过程中，原因和结果、努力和报酬、投入和产出之间存在难以解释的不平衡，即企业中 20%的原因、努力和投入决定着 80%的结果、报酬和产出。也就是说，企业中大约有 20%的员工在创造着企业 80%的产值。

“二八法则”还告诉我们：“如果把所有的工作内容按照实际价值列举出来，我们会发现一个人所创造出来的 80%的价值都是由其 20%的工作产生的，而剩下的 80%的工作只能产生 20%的价值。”也就是说，一个人每天要完成十件工作的话，他只需完成其中的两件，就可以产生 80%的价值。所以，他应该将主要精力用在做重要的事上，这样才能充分利用时间。

在现实中，有关“二八法则”的现实应用还有很多，比如：

80%的时候你会重复选择菜单中20%的菜名；

你所打的80%的电话来自你电话簿中20%的好友；

企业80%的销售额来自20%的客户。

从这些简单的规律中，可以看出，我们应该学会运用“二八法则”，将主要精力用在最见成效的地方。

美国有位名叫威廉·摩尔的企业家，他在为格利登公司销售油漆时，第一个月仅挣了160美元。当得知“二八法则”后，他对自己的销售图表进行分析，找到了自己的失败之处，那就是他80%的收益只来自20%的客户，但是过去他花在所有客户上的时间是一样的。于是，他转变策略，将自己的主要精力用在最有希望的客户上。不久，他一个月就赚到了1000美元。此后，他熟练运用此法则，最终成为凯利·摩尔涂料公司的董事长。

世界上许多著名的大公司都非常注重“二八法则”。比如，通用电气公司永远把奖励放在第一位，尤其是对那些完成高难度工作指标的员工给予更优厚的薪金和奖励。摩托罗拉公司认为，在100名员工中，最重要的是做好最佳25名和最差25名员工的工作。对于后25人，要给他们提供发展的机会；对于表现好的，要设法保持他们的激情。

所以，如果你是一位企业管理者或经营者，要熟知以下几条法则。

1. 二八管理法则

作为管理者，要把管理重点放在20%的骨干力量上，再以20%的骨干力量带动80%的多数员工，从而提高企业效率。

2. 二八决策法则

在决策时，管理者要抓住企业普遍问题中关键性的问题进行决策，这样才能达到纲举目张的效果。

3. 二八融资法则

管理者要将有限的资金投入重点经营项目中，以此不断优化资金投向，提高资金使用效率。

4. 二八营销法则

经营者要抓住20%的重点商品与重点用户，渗透营销，牵一发而动全身。

总之，“二八法则”强调的是管理者在工作中不能“胡子眉毛一把抓”，而是要抓关键点，如关键人员、关键项目、关键岗位、关键环节、关键用户。

如果你是一位普通白领，在平时工作中也要学会利用“二八法则”，并遵守下列事项：

- 集中精力做能充分发挥自身优势的事情，不必要求事事都有好的表现。
- 寻求捷径，而非全程参与。
- 选择性寻找，而非巨细无遗地观察。
- 小心选择自己的事业，如果可能，就自己当老板。
- 从生活的深层去探索，找出那些关键的20%，以达到80%的好处。
- 少做一些，锁定少数能以“二八法则”完成的目标，不必苦苦追求所有机会。

不要把时间花在没有成果的小事上

一只鼬鼠向一只狮子下了战书，要与它决战，对此，狮子果断地拒绝。鼬鼠得意十足地说：“哈哈，怎么样，你害怕了吧？”狮子说：“是的。如果我答应你的话，你就可以得到曾与狮子比武的殊荣，而我以后就会因为和鼬鼠打架而被所有的动物耻笑。”这个寓言故事告诉我们，不要被无关的人和事过多打搅，你的更多精力要放在自己的目标上。不要把时间浪费在无谓的琐事上。

可是，在平时的生活中，似乎很多人都没有这只狮子理智，对一些没有生活目标的人来说，尤为如此。这些人通常没有要事与琐事的区别概念，潜意识告诉他们“兵来将挡，水来土掩”，赶上什么事情了就去做什么。所以，他们花在要事与琐事上的时间几乎是随机分配的。他们可能并不知道，这种毫无规划的做法使他们在不知不觉中浪费了很多时间。这些人对时间采取毫不在乎的态度，对时间的利用敷衍了事，所以他们的工作效率永远提不起来，这也正是他们无法在职场上获得晋升的重要原因之一。下面列举一些最常见的浪费时间的行为，希望引起大家的注意。

1. 优柔寡断

在做决定这件事上，他们有很严重的选择强迫症，总是要花费许多时间去做决定。

2. 行动迟缓

很多时间都是在我们的拖拖拉拉、磨磨蹭蹭中流逝的。所以，如果你想做一件事，就要养成“现在、立刻、马上”去做的条件反射，立即动手去干。在工作上要做到“日事日毕，日事日清”，今天的事不要拖到明天，否则处理这件事时你要多花费一些不必要的时间。心中惦记着未处理的事，为此不能专心做其他事，也是一种隐藏的浪费。

3. 乱打电话

在打电话之前，想好你打电话的目的，尽可能用简明的语言将事情处理好。在做一件事时，要及时做好反馈，紧盯着这件事，直到事情结束。打电话时最忌讳的是没有目的地乱打电话，或说完正事还闲扯，那就是浪费时间了。

4. 马马虎虎地工作

马马虎虎地工作也等于是浪费时间。比如，如果你没有认真整理和清理文件的习惯，一旦把文件、书籍放错了位置，再去寻找就要花费时间。如果是还没有处理好的文件就随意堆在桌面上，再需要的时候就得花大量时间寻找，这也在无形当中浪费了时间。

5. 工作分配不合理

别人能顺带着帮自己做的事情就大胆地交给别人去做，如果事事亲为，就会浪费很多宝贵的时间，这样在处理必须自己亲手做的工作时，就会缺乏时间，无法把任务完成好。

6. 会议占用的时间过多

随意召开会议也是浪费时间的一个很大原因。有调查显示，无效率的会议是企业中时间浪费的最大来源。

7. 无限度地宽容自己

宽容也要用在对的时候、对的地方。有些时候，对自己无限度地宽容，实际上是纵容，更是在伤害自己。比如，一项工作，本来只要三天就能完成，结果由于对自己宽容，延迟了两天，最后导致后续工作无法顺利开展。

一位著名的时间管理专家说过这样一句话："在事先分配好的时间范围内，工作将一直拖延着。"也就是说，如果我们认为某项工作需要一天时间的话，那么只要我们用尽全力去做，果然就能在一天内完成，如果认为某项工作需要 10 天的话，那么它最后可能真的需要 10 天才能做完。

所以，在自己拥有主观能动性的情况下，不要纵容自己，不要习惯性地将工作浪费在无谓的小事上。如果你能戒除身上的这些小毛病，你会发现，原来自己的工作可以更高效。

谨防你身边的“时间窃贼”

岁月是一个神偷，它偷走我们生命中最宝贵的东西。其实，我们身边也有很多“时间窃贼”，在不知不觉中盗走我们的时间，而我们却浑然不知。

我们的生命是有限的，如果每个人都从我们身边盗走一些时间，那么最后我们可能会变成一个时间缺乏者，工作绩效也会慢慢降下来。

工作中，我们常常听到这样的请求：“我能占用你两分钟时间吗？”虽然对方表面上提出来的并不是很苛刻的要求，但实际上，他们的目的是占用你更多的时间。对于这种“时间窃贼”，我们要小心提防，因为在他们的长期干扰下，我们有可能成为一个低效能的人。

那么，如何分辨哪些人有可能是隐藏在我们身边的“时间窃贼”呢？以下几类人需要引起你的注意。

第一，爱聊闲话的人。爱聊闲话的人经常会以这种方式开始他们的谈话：“哎，你听说最近 ××（某个明星）的事了吗？”“哎，你看这条内容了吗？朋友圈里可火了。”当你一旦显示出你的好奇心，并饶有兴趣地问是“什么”的时候，他们就会显示出绝佳的口才，滔滔不绝地讲给你听。而此时的你，只好任凭你宝贵的时间被窃走了。

遇到这样的人，如何不伤感情地拒绝对方大发议论呢？

你可以委婉地说：“哦，真是糟糕，我差点忘了还有一件事没处理完，我的记性怎么变得这么差。”然后趁势溜走。总之，你要尽可能地忽略他们，不要给他们开口的机会。

第二，职场新人。这类人虽然爱学习，爱向人请教问题，但如果你表现得足够慷慨，这很可能会让你成为一个老好人，一个“问题接收器”，甚至一位他们寻觅已久的人生导师。因为他们的问题有可能是问不完的。此时的你一定会非常后悔当时用尽热情说出的那句话：“任何时候，我都向你敞开大门。”

面对这种情况，当他们再一次将问题抛给你时，你可以微笑着对他们说：“我建议你先仔细想出一个方案，然后再来找我交流。”

第三，牢骚满腹的人。这类人心中往往有一股奇异的力量，有时候，他们会感觉自己像一个预言家，他们的表达欲非常强烈。他们急需一个窗口把自己对生活的认识和感悟表达出来，他们想要寻找同盟，他们需要获得别人的认同。但麻烦的是，他们越是抱怨，你越深表同意，他们就会抱怨得越多。而且一旦他们发现你对他们的话语感兴趣，他们就会像找到了知己一样兴奋，不停地向你倾诉和抱怨。

对于这类人，你可以像对待第一类人一样，对他们说：“对此我感到很遗憾，但我现在不能与你讨论这件事，因为今天的事情实在太多了，我必须马上处理掉。”当他们得知你有事情要忙时，会知趣地离开。

第四，“博古通今”的人。这类人往往自恃博览群书，就以无所不懂为傲，在你们的对话中，对方总能引经据典，讲出你所不知道的事情。偶尔听听，可以增长点见识，但如果对方只是以炫耀才华为目的牵强附会的话，那么你可能要因此饱受耳膜之苦了。

对于他们，你可以假装听得很懂的样子，对他们说：“原来如此，真是高见。哎呀，对不起，我得马上走了，回头再来取经。”

如果你身边也有这样的人，不妨准备几个不失礼的应答方案，并在头脑中练习一下，当这样的“时间窃贼”再来到你面前时，你就能想好办法，摆脱苦恼，为自己争取到宝贵的时间了。

尽可能简洁地表达你的观点

大文豪莎士比亚说：“简洁是智慧的灵魂。”语言是沟通感情、传达思想的工具，但不得体的言语或过多的声音常是是非烦恼的因由。尤其是长篇大论的啰唆和唠叨，常常令听者心生厌烦，无力聆听。而简洁的语言往往能言简意赅地揭露问题的实质，一语定音，令听者大呼爽快。

有句话说：“言为心声，文如其人。”一个成熟干练的人说话一定是干脆利落、简明扼要的。而那些说话啰唆、言语混乱的人在生活中也一定拖拖拉拉、犹犹豫豫。说话简洁明了，不仅受人欢迎，还能节省自己的时间，提升做事效率。

林肯在葛底斯堡演讲，只用了 2 分钟，10 个句子，就获得了全场听众的掌声。有位名叫埃弗里特的演讲者向林肯致信：“我用了 2 个小时才接触到您所阐明的中心思想，而您只用了 2 分钟就说得明明白白。”

我国著名作家林语堂出席毕业典礼，作为最后一名演讲者，他一反之前两名教授冗长枯燥的演讲，只说了一句话：“绅士的演讲，应该如女士的超短裙一样，越短越好。”台下顿时掌声雷鸣。

演员简·怀曼因在《约翰尼·贝林达》中成功地扮演了一位聋哑母亲而获奖，她的话简短而有趣：“我因为在影片中一言未发而获奖，我想我现在最好还是再一次缄口不言。”

喜剧电影大师卓别林在 1971 年被授予奥斯卡荣誉奖时，面对台下不断的掌声和欢呼声，眼含热泪，十分动情，只说了一句话：“此刻，言语是那么多余，那么无力。”

长话短说，把多余的话略去不说，这就是一种非常精妙的语言艺术。

无论何时，我们都该记住，说话的精髓不在于话语的多少，而在于是否言之有物。现实生活中，我们经常看到这样的现象：一个人过来问路，路人甲支支吾吾说了半天也没有说清楚，问路人听得迷迷糊糊，找不到方向，更不知该往哪儿走。这时，思路清晰的路人乙三言两语便指出具体的走法，问路人听得清楚明白，拜谢而去。

所以，在生活中一定要养成简洁表达观点的习惯。在与人交谈时，不要让别人听着困惑，摸不着头脑，要一语中的，让他人很快读懂你的意思。那么，在平时的生活和工作中，怎样才能做到言简意赅呢？

1. 培养自己分析问题的能力

要学会透过事物的表面现象，把握事物的本质特征，善于总结和概括，尽可能将自己要表达的话语凝练成简单的几句话。另外，注意语言表达逻辑，开口前打好腹稿，想好先说什么，再说什么。

2. 多掌握一些词汇，让自己的语言更丰富，表达更精准

著名作家福楼拜曾告诫人们："任何事物都只有一个名词来称呼，只有一个动词标志它的动作，只有一个形容词来形容它。如果讲话者词汇贫乏，说话时即使搜肠刮肚，也绝不会有精彩的谈吐。"中国是诗词的国度，语言文化灿烂，所以我们要多汲取其中的精华，为我们所用，让自己在表达一件事的时候可以信手拈来，而不是话到嘴边说不出来。

3. 删繁就简，语言不必过分华丽

再复杂的事情，也能用最简单的话语表达出来，句子最简洁的结构是主、谓、宾结构，要想说话简洁，就尽量用这种简洁的句式，而不是在说话的时候加一大堆形容词，修饰可以让句子灵动、丰满，但不够简洁。

在最短的时间内找出问题的关键点，语中要害，往往能起到事半功倍

的效果。尤其是在当今时代，生活节奏大大加快，人们更不喜欢那些繁文缛节和冗长拖沓的无聊话语。所以，一个人如果能够抓住关键，用短小精悍的话语去表述一件事，那么这样的说话方式就更受人们的欢迎，也能提升自己的工作效率。

别让拖延症害了你

拖延是很多现代人拥有的一个陋习，回想一下那些被你推迟的事情，它们是怎样被甩到角落里弃之不顾的？你所拖延没有去干的那件事，或许是件很重大的事情，但给自己带来的后果却是无足轻重的；或许是一件很微小的事情，但给你带来的打击却是严重的。不管是因小失大，还是因大失小，拖延症都是让人头疼的事情。

拖延往往是从一个领域渗透到另一个领域的。一般来说，在某个领域患有拖延症的人，在另一个领域也不会成为一个行动迅捷的人。通常来说，拖延症的表现和产生拖延症的原因主要有以下几点：

其一，无法按时完成上司交办的任务。原因是：懒惰，缺乏自信，或能力欠缺。

其二，无法完成自己制订的计划或任务。原因是：懒散，缺乏毅力和斗志。

其三，对于别人拜托的事情没有做好。原因是：对自己认识不清，没有责任感。

其四，花了很多时间和精力去做一件事，依然没有做好。原因是：做事分不清主次，没有规划，没有全身心投入。

其五，明明能够很快做好的事情，还是没有完成。原因是：缺乏责任心，自制力差，注意力不集中，没有找到正确的做事方法。

其六，故意将一些自己能够做到的事情推迟。原因是：赌气，不尊重他人，想要显示自己的权威。

其七，堆积在自己身上的事情越来越多，而自己越来越烦。原因是：抗压能力不够，不能及时完成手头的事，小事变大事。

在认识了拖延症之后，我们再来看一下拖延症的后果。如果你没有及时处理好上司交给你的任务，上司很可能会认为你能力不够，从而不再器重你。如果你没有及时完成别人交给你的任务，那么别人可能认为你不太靠谱，从而不再信任你。当然，拖延症除浪费时间外，还有很多可怕的后果，如损坏名誉、丢掉工作、失去朋友、惹来麻烦等。

认识到这些后果后，我们到底如何治愈自己的拖延症呢？对于拖延心理的处理，要有具体而不是抽象的应对策略，让人无法找到安慰自己的借口。下面，我们根据一些工作中会出现的状况，有针对性地进行一些对拖延心理的处理。

- 将工作目标拆分成小的目标，每一个目标都有严格的达成界限和完成期限。
- 命令自己开始进行，同时强迫自己不要去想进行的过程和结果。
- 对进步和努力做出奖励。
- 为自己下达一个具有可操作性的任务，而不是那种模糊而抽象的任务。
- 为自己设定一个务实的目标，而不要异想天开。
- 现实地对待时间，而不是按照自己期望的那样。
- 利用接下来的一点时间完成一件事，逼迫自己重视起短暂时间的意义。
- 做好应对困难和失败的心理准备，为困难找方法而不是借口。
- 以自己的事为优先，学会适当地拒绝别人。
- 把找到的借口留在事情完成以后再说，不给自己放纵的机会。

只有找到了自己拖延的根本原因，并从中找到最有效的根治办法，然后付诸实施，才能最有效地治愈它，并从中解救你的时间。

大胆说“不”，拒绝干扰

现实中，并不是所有的“好”都能换来一个好的结果。因为你太容易说话，所以有好多事情都会找上门来，于是你要花费很长时间去完成这些事。有时候，你还会因为无法按时完成这些事而焦虑。其实，你可以不必如此战战兢兢，只要敢于大胆说一个“不”字，你就能获得心灵上的解脱，获得时间上的自由。

虽然对他人说“不”有可能会让你看起来不够大度，甚至会被人看成“不容易接近的人”，但如果你想要节省自己的时间，提升自己的工作效率，有时不得不走这一步棋。

说“不”本身很简单，只需要一秒钟。困扰你的不是说“不”这个行为，而是其后果。所以你需要学会怎样说“不”，让对方感到可以接受。

下面是一些巧妙说“不”的方法。

• 不能说“好”，但要给出一个正面的第一反应，要做到这一点，你可以采用如下几种表达方式：

谢谢你问到我……

你问我让我感到很荣幸……

这听起来很有趣……

你真是太好了……

• 避免说“但是”，这是带有负面含义的一个词，会让人心情一下子跌落下去，你不妨用一些其他的词汇，如“那么”“然而”和“以及”等。

• 巧妙应答。给对方留下一个正面的印象，你可以说“祝你好运，等事情有了进展告诉我”，等等。不要说“换个时间再找我吧”，如果你给了这样的回答，那么它会使你陷入无尽的尴尬。

下面是一个巧妙拒绝的案例：

“最近我组织了一个非常棒的活动，我觉得你非常符合这个活动的要求，你愿不愿意过来帮一下忙，如果你能参与进来，我想它一定会变得非常有趣，而且也很有意义哦。”

“哦，首先要谢谢你能想到我，能收到这样的邀请我真的感到很荣幸。不过这次我恐怕参与不了了，因为我手头有好几件重要的事情要做，它们都需要我投入很多的时间和精力。如果现在再去接手别的事情，对其他人来说是不公平的。假如我答应了你的事情而又没有足够的时间和精力来做的话，我对你也会感到愧疚。所以，我相信你会找到比我更好的人手的。加油，事情有好的进展一定要告诉我。”

上面这段话可以委婉地拒绝一个同事或一个朋友，但如果你要说“不”的对象是你的顶头上司或老板呢？不妨看下面这个案例：

“在娜拉的产假期间，我希望你接手客户服务的工作，怎么样？”

“谢谢您能想到我。这对我来说是一个很不错的项目，而且我非常愿意接受这样的挑战。不过要接手这项工作，并且出色地完成它，我需要得到您的帮助。您能不能适当转移一下我的其他任务，这样我就能每天腾出两个小时的时间。我知道 ×× 以前做过数据录入的工作，所以我认为他应当很擅长做这个。”

只有坚持每天列清单才会有用

1944 年，住在美国洛杉矶郊区、年仅 15 岁的小男孩约翰 · 戈达德认真地在“一生的志愿”的表格上填写了127个目标，这些目标包括很多方面，如旅游、学业、事业等。写完后他在心里坚定地对自己说：“我要用我这一生的时间去实现这些目标。”

在计划之下，他16岁时完成了表上第一个目标，18岁时完成了第二个目标……当他60岁那年，他已经实现了127个目标中的106项。45年实现这么多目标在普通人看来简直是个奇迹。事实上，这就是有无计划的差异：在计划之下，时间会被我们充分利用起来；相反，没有计划、没有安排，时间就会被一些没有意义的事情吞噬。

生活中，如果你想要做更多的事，就需要给自己列清单。很多人都知道列出“事务清单”的重要性，但高效能人士与低效者的区别在于：前者能够坚持每天这样做，而后者并非如此。要想在有限的时间里完成尽可能多的工作，其中一个秘诀就是每天都为自己的任务列出清单，把它放在身边，用它来指导你每一天的具体工作。在列清单时，你需要注意以下几点。

1. 列写清单的时间

请注意，列写清单不是简单地每天早上找出几分钟空闲的时间来做，或每个星期偶尔做几次。记住，要在每天结束后、睡觉之前列写事项，这样，你的大脑会在几个小时的睡眠时间内潜意识地思考这些事项，帮你在第二天清醒地记住你要做的事。

2. 设定优先次序

你准备把所有要做的事情，包括日常工作都写到清单上，还是只打算记录一些重要的事情？你会在清单上列出今天可能会做的事，还是列出今天准备要做的事呢？对于这些问题，不同的人有不同的答案，但最好的做法是，不要将那些日常工作都列在清单上，你只需要列出那些非常重要的事情即可。因为假如你的清单上都是一些无关紧要的事情，即使你把它们全都完成了，依然无法提升自己的工作效率。

还有一个问题，你的重要事项清单上允许有几个事项？答案是五项，不能再多。这五项只能是最重要的事情，而不是五项最快能办到的事情，不是五项最容易办的事情，也不是五项最要紧的事情，只能是五项真正重要的事情。

3. 承诺的力量

当你记下这些事项后，它们就会成为你自身的一部分，而这份记录就像一份承诺书，你将会记得对自己承诺了要做什么。这种承诺的力量会促使你发挥自身潜能去完成它。告诉自己，白纸黑字，可不要赖账。

4. 不要为无法完成所有任务而焦虑

有时候你可能会完成清单上所有的任务，但大多数情况下，你无法做到这一点。当无法完成它们的时候，你是否会感到沮丧？其实大可不必。记住，“事务清单”的目的在于帮助你更好地利用你的时间，而非做完清单上所有的事情。如果你已经做完所有你认为很重要的事情，那么接下来你可以考虑去做一些在你看来比较重要的事情。

良好的时间管理能够帮助你更有效地处理事情，如果能够让任何事都变得有条不紊，那么你在工作中将会感到更加轻松。

用读报纸的方法读书

很多人喜欢读书，但又常常抱怨自己读书太慢。花在读书上的时间本来就不多，如果不会科学地阅读一本书，那么你可能需要很长时间才能读完一本书。这样的读书效率是很低的，而你从中获得的知识又非常有限。

因此，高效地读一本书就显得很有必要。

如果感觉自己需要多读一些书，但又想提升读书效率的话，那么你可以尝试用读报纸的方法读书。当你拿起一本书的时候，首先浏览一下书的封面，出版商通常会在上面列出一些关键词，让你一眼明白书中的主要内容。书籍的前勒口和后勒口通常有关于这本书的作者、译者和内容介绍，这些总结性的话语一般比较简短，就像一篇新闻的导言一样，让你一下子读懂这本书的主旨。接下来，你可以翻开这本书的目录，它会对一些细节性的信息进行详细解读，从而方便你了解这本书的故事梗概和大致框架。

当你看完这些内容后，可以迅速将这本书翻阅一遍，看看其中是否有自己比较感兴趣的地方。整个过程不要超过读一张报纸的时间。

阅读一本书，即使它有 500 页，你的主要目的也是了解作者的主要观点，所以，你大可不必一个字一个字地去读。在阅读的过程中，尽量借助他人对这本书的评价，综合性地去读，不要花费大量时间在一词一句上。只有当你对某部分内容极其感兴趣的时候再去阅读细节。通过这种方式，你可以在较短的时间里获取该书中的大部分重要信息。

掌握快速的阅读方法不仅可以增加你的阅读量，还可以大大提升你的阅读质量。当你接触到的图书品种增加的时候，就会更容易遇到那些值得仔细阅读的内容，并且会愿意花上几个小时仔细琢磨书中的内容。

相信你会有这样的经历，在读完一本书后，当你试着给朋友介绍这本书时，会发现自己突然无法顺畅地表达自己的观点。这是因为，你其实只记住了书中一些比较突出的要点。因此，既然你本身不可能记住太多内容，为什么不在开始时就只读那些最能记住的内容呢？

众所周知，一个人的阅读速度越快，他在同样时间内掌握的知识量也就越多。这是一个竞争激烈的时代，也是一个信息爆炸的时代，谁能在短暂的时间内掌握足够多的知识，拥有足够多的知识储备，并将其灵活运用，谁就能在社会竞争中保持优越地位。所以，如果你必须进行大量阅读，不妨参加一个速读培训班。研究表明，如果你能够在参加完培训班之后每天坚持快速阅读两个小时，你就可以保持自己的阅读速度。

当学到快速的阅读方法后，你会发现阅读其实也是一种乐趣。在领悟到知识之后，你就可以在朋友和同事面前旁征博引，畅谈自己的观点和看法。

第二章

以结果为导向的目标管理

写一份个人使命宣言，并以此作为设定目标的指导

许多人拼命埋头苦干，到头来却发现追求成功的梯子搭错了墙，但是为时已晚。我们常说，重要的不仅是努力，还有方向。在工作中亦是如此，确定了工作的目标和方向，我们的工作效率会大为提升，反之，缺乏目标，一不小心就会多走冤枉路。

明确真正的目标很重要，只有目标明确，勇往直前，坚持到底，才能收获更多。而要想制定一个适合自己的目标，就要对自身情况加深了解。弗兰克尔说："我们是发现而不是发明自己的人生使命。"要为自己制定目标，就要先发现自己的人生使命，为自己写一份个人使命宣言。

心理学家弗兰克尔说得好："每个人都有特殊的职责或使命，他人无法越俎代庖。生命只有一次，所以实现人生目标的机会也仅止于一次……追根究底，其实不是你询问生命的意义何在，而是生命正提出质疑，要求你回答存在的意义为何。换言之，人必须对自己的生命负责。"

使命宣言是个人的根本大法、基本人生观，也是衡量利弊得失的基准，你要明确自己的目标，要先写下你的使命宣言。一个积极主动的人，能说出想成为什么人，想做什么，能够写出自己的使命宣言，甚至"人生宪法"。当然，随着思想脉络的日益清晰，相随心转，你会有耳目一新的感觉。

制定使命宣言，可参考以下六个步骤。

步骤一：开动脑筋畅想

请根据内心所想，自由发挥，回答下面三个问题。如果你想到了一个观点，别太在意用词和语法，只管不停地写下去。这只是一个大体的构思，而不是定稿，你的目的是把自己的想法写在纸上。你可以在每个问题上花 2 ~ 3 分钟。

1. 写下一个对你有影响的人。确定一个对你的生活有积极影响的人，写出你最欣赏这个人身上的什么品质，你从这个人身上学到了什么品质。

2. 详细说明你最想成为怎样的人。设想一下 20 年后的你，此时的你已经达成自己的梦想，拥有一定的成就。那么，你最期望自己拥有的成就是什么呢？你想成就什么样的事业？

3. 目前对你最重要的是什么？

步骤二：放松一下

现在，请深呼吸一下，然后放松下来。放下你手中所写的，走开几分钟。

步骤三：整理你的思绪

回顾你所写的，圈出你想列入自己使命宣言的关键想法、词语和句子。

步骤四：写出初稿

现在，你可以动手写初稿了。前文已经列举出几个使命宣言的范本，以助于你思考。一周内随身携带这份初稿，当你有新的感悟和想法的时候，写下备注或根据需要加以增删。随着时间的推移，你的使命宣言将不断得到完善。

步骤五：完成你的使命宣言

当你的思绪沉淀下来后，写出你认为最完美的使命宣言的定稿，然后将其放在一个便于随时翻阅的地方。

步骤六：定期检查并对使命宣言加以评估

每个月问自己以下几个问题：

1. 叩问自己的内心，眼前的这份使命宣言是否代表了最好的自我？

2. 当你回顾这份使命宣言的时候，是否感到有了方向、目标、挑战和动力？

3. 你的工作和生活是否遵从了使命宣言中的理想和价值呢？

选择你热爱的工作

我们有一份稳定的工作，有不错的收入，所以我们感到很满足，我们觉得“岁月静好，现世安稳”。但是，我们算不算成功人士呢？有一个标准可以来衡量——我们现在从事的工作是不是自己的理想？

如果所做的工作并不是我们感兴趣的，那么我们也仅仅是在为工作而努力。在这样的工作中，我们自身的潜能很难被激发出来，更不用谈工作效率了。也就是说，假如所从事的工作是自己感兴趣并热爱的，那么我们在工作中将创造出更高的效能。因此，在设定职业目标之前，我们要先确定自己会选择哪份职业。

对于我们来说，我们选择了什么样的职业和工作，就等于在拿今后的日子做赌注，虽然摆在我们眼前的有无数条路，但只有一条路可选。我们需要做的就是降低在这场赌注中的危险性。而只有选择我们所热爱的工作，才能让自己在今后的日子里不再烦恼，不再低效。

苹果公司联合创始人乔布斯在大学中做了一个明智的决定——退学，

放弃自己并不感兴趣的课程，转而去学自己喜欢的美术字课程。虽然他所学的这些课程在现实中并没有什么实际应用的可能，但十年之后，却为他设计第一台电脑带来了非常大的助益。

风俗画画家摩西奶奶热爱绘画，从 58 岁开始创作第一幅画，到 101 岁画完最后一幅画，她在生命的最后 40 多年间总共画了上千幅画，如果不是对生活怀抱热忱，对绘画充满热爱，又怎能如此高效地创作出那么多优秀的画作呢？

有时候，一个人的幸运并不是他获得了别人所不曾拥有的东西，而是他在很早的时候就找到了自己所钟爱的东西。当一个人较早地找到了一生所爱，他就能更加投入地去做一件事，并在其中创造出高效的成果。

那么，到底该如何去发掘和找到自己的职业兴趣呢？又如何取得职业上的成功呢？

1. 思考自己有什么特长，并着重培养

很多人之所以觉得自己没有什么特长，是因为他总喜欢拿自己的短处去和别人的长处对比，结果发觉自己不够突出，就完全放弃了自己。其实，我们应该多关注自身，从自己众多技能中挖掘出一项自己最擅长的。只跟自身的技能和能力对比，发掘自己最擅长的，然后重点培养它。

2. 从别人口中得知自己的兴趣

所谓“当局者迷，旁观者清”，当你不知道到底该选什么样的职业时，不妨去问问自己身边最要好的朋友。你们朝夕相处，一定会对彼此有更多的了解。他们能够站在最客观的角度，发现你身上的闪光点，帮你找到你最感兴趣的事物。所以，多问问几个身边的朋友，多做一些调查，你就清楚自己真正感兴趣的是什么了。

此外，看看你在面对工作时，什么工作能让你浑身充满动力，感到精

力充沛，有一股想要全身心投入的冲动。

找工作和谈恋爱其实有异曲同工之处。有些工作，你在刚刚接触的时候，也许并不感兴趣，甚至有些厌恶，但不要轻易放弃，多深入了解，和这份工作磨合，也许慢慢你就会发现自己其实很喜欢这份工作，并且愿意投身其中，那么这份工作就是你所感兴趣的。如果经过磨合还是不感兴趣，这就证明，你对这份工作的兴趣不大。

当把握以上几点去寻找工作时，你就能找出既喜欢又擅长的工作。如果每天做着自己擅长的工作，不但效率更高，还会让你在工作中感到快乐，更加接近成功。

当你每天所做的并不是自己喜欢做的事情，就会发现自己根本坚持不下去，单调、枯燥、乏味、煎熬统统找上门来，会感到巨大的无聊将你包围。所以，一定要做自己喜欢做的事，一步一步去享受它带给你的人生体验，在时光中“雕刻”自己，回头看看，其实你的梦想正在慢慢实现。

制定你的职业生涯目标

在职业规划中，让人最头疼的莫过于职业目标的设定了。职业目标在职业规划中的重要性又使得我们不可忽视。因此，要做好职业规划，就要有一个切实的职业目标。

哈佛大学曾做过一个著名的关于目标对人生影响的跟踪调查。他们选择的调查对象是一群智力、学历、环境等条件都相差无几的年轻人，调查发现：27%的人没有目标；60%的人目标模糊；10%的人有着清晰但比较短期的目标；3%的人有着清晰而长远的目标。25 年的跟踪研究结果显示，那 3%有着清晰、长远目标的人，在 25 年间朝着一个方向不懈努力，几乎都成了社会各界的成功人士；那10%有着清晰短期目标的人，大都成为各个领域中的专业人士；而那60%拥有模糊目标和剩下27%没有目标的人，几乎都在社会的最底层，过着不如意的生活，常常失业，依靠救济维持着生存，并且他们常常抱怨他人，抱怨社会，当然也抱怨自己。

在制定职业目标的时候，我们需要有时间概念。职业目标需要用时间来衡量。按照时间概念，我们可以简单地将其划分为短期目标和长期目标。但是短期与长期的具体时间要求是因人而异的。大概的划分可以是，长期5～7年，短期1～3年。下表以人力资源管理经理助理的长期目标与短期目标为例：

	短期目标	长期目标
概念目标	承担更多的监管人力资源运作的职责 广泛涉及人力资源开发的各个方面 与直线管理层更多地互动	参与人力资源规划 参与公司的长期规划 参与制定并执行公司政策
行动目标	2～3年内成为人力资源经理	6～8年内成为公司的人力资源部总经理

长期目标的制定就是将自己的职业理想放入一个较长的时间框架里。因此，我们就需要了解自己希望在未来的长时间里承担什么类型的工作，想要获得何种回报。

长期的概念目标制定后，为了实现它，我们需要制定一系列的短期的概念目标。

短期的概念目标可以看作一种手段，它是对长期的概念目标的支撑。因此，在制定短期的概念目标的时候，我们需要问自己，什么样的活动或工作经历会使我有能力去实现长期目标？我需要开发自己的哪些才能？什么样的技能会在将来有助于我实现下一个目标？也就是说，将短期目标的实现当作一个实现长期目标的手段。短期目标的实现关系到长期目标的实现。因此，短期目标与长期目标一样，应该与个人偏好的工作环境的主要因素相一致。

在制定了长短期目标后，我们还要为自己制定行动目标，行动目标是概念目标的发展。明确了自己的概念目标，下一步就是具体的行动。概念目标向行动目标的转变，也就是将自己的职业期望变成具体的企业或工作岗位。因此，我们可以看出，行动目标是实现概念目标的一种手段。

在制定了各类目标后，就要严格按照相应的目标去做，相信你能在工作中做到最好、最富有效率。

制定目标须把握 SMART 原则

在目标制定后，我们就要对自己的目标进行管理，目标管理是使个人的工作由被动变为主动的一个很好的管理手段。为了利于员工更加明确高效地工作，也为了给员工绩效考核提供考核目标和考核标准，使考核更加科学化、规范化，实施目标管理是非常重要的。

在管理目标时，著名的管理学大师提出了一个原则，那就是制定目标要把握 SMART 原则。制定目标看似是一件简单的事情，但是如果上升到技术的层面，我们必须学习并掌握 SMART 原则。那么，什么是 SMART 原则呢?

1. Specific——具体

所谓具体就是要用具体的语言详细说明要达成的行为标准。明确的目标几乎是所有成功者的一致特点。很多人之所以不成功，就是因为他们制定的目标模棱两可，或者他们在工作中没有将目标有效地传达给相关成员。

比如，销售人员在制定目标时有这样一条——“增强客户意识”，这个目标就很模糊，不明确，我们可以将其具体到某些可操作的细节，如减少客户投诉率，将上月的客户投诉率由 5%减少到 3%等。

2. Measurable——可以衡量

如果制定的目标没有办法衡量，就无法判断这个目标是否已经实现。比如，领导有一天问“新来的员工是否能胜任工作了？”担负指导工作的你该如何回答这个问题呢？你觉得这个问题难以回答，原因就在于这个问题没有一个定量的可以衡量的分析数据。所以，制定的目标一定要能够衡量。

你可以安排一次测试，然后对新员工的工作做出评价。评分在 70 分以上为合格，70 分以下为不合格，这样就可以衡量他们是否能胜任工作了。

3. Attainable——可以实现

如果领导给下属安排了一项在某段时间内无法完成的任务，下属典型的反应是一种心理和行为上的抗拒：我可以接受，但是否完成这个目标，有没有最终的把握，这个可不好说。如果不考虑员工的想法，以铁腕塞任务，员工是缺乏动力的，也不可能高效完成任务。所以，在制定目标时，一定要把握目标的可实现性。

目标设置要坚持员工参与、上下左右沟通，使拟定的工作目标在组织及个人之间达成一致，要制定跳起来“摘桃”的目标，而不是跳起来“摘星星”的目标。

4. Relevant——相关性

相关性也就是说实现此目标与其他目标的关联情况。如果实现了这个目标，并不利于工作中其他目标的实现，那么这个目标即使实现了，意义也不太大。

工作目标的设定，一定要和岗位职责联系起来。如果你是一个程序员，那么你在业余时间可以学习一下英文方面的知识，这对提升你的业务能力大有裨益，而考会计证这个目标就没有多大的必要性了。

5. Time-bound——有时间限制

目标是有时间限制的，没有时间限制的目标无法考核，也无法确定自己是否高效地完成了工作。所以，我们要根据事情的轻重缓急、工作任务的权重，拟定出完成目标项目的时间要求，定期跟进项目，及时掌握项目进展的变化情况，以便根据工作开展的异常情况及时地调整工作计划。

总之，无论是制定个人的工作目标，还是团队的绩效目标，都必须符合上述原则，五个原则缺一不可。制定目标的过程也是提升个人工作质量的过程，达成目标的过程也就是对自己管理能力历练和实践的过程。

善用行事历和工作表

你是不是经常忘记什么时候该参加教育训练，某个项目进展到什么阶段，什么时候该开会，什么时候该和客户会面，什么时间的飞机，周末定的什么时间的约会？或者，在忙碌的工作中你时常忘记家里老人的生日，妻子的生日，孩子的生日。有时候，你还可能忘记别人交办给你的事情，如要写的企划案、要交的工作汇报、要提交的年终总结等。当繁忙的工作与琐碎的生活混杂在一起时，你可能会觉得眼前一团糟，不知道该如何是好。那么，你可以采用“行事历”“工作表”两个程式来帮你管理工作和生活中的大小事。

采用“行事历”，你会感觉身边仿佛多了一个经纪人，它会告诉你何时要开始做什么、何时要结束、何时有空闲的时间、何时有应酬等。你每天的行程安排都能在“行事历”中找到答案。

行事历可分“日检视”“周检视”“月检视”“议程检视”四部分。

- 日检视：检查当天的工作是否已安排好，如果临时要加入会议或事情，可以立即变动当天的日程安排。
- 周检视：你可以从忙碌的一周中找出空闲时间，安排自己的业余活动。
- 月检视：你可以从一个月内找出哪天上午或下午有空。
- 议程检视：检查自己的会议安排是否合理，是否需要调整。

一些节假日，如国庆节、端午节、春节、生日等，你可以专门用记号笔做出标记，这样在翻看“行事历”的时候就能一目了然。

除行事历外，另一个程式“工作表”也是用来管理你的日常工作的。“行事历”显示的是某一段时间，如几点到几点的会议，而“工作表”则代表一项任务或待办事项的截止日期，如别人委托给你要完成的案件、要撰写的企划案、要交的工作汇报等，你可以通过查看“工作表”来衡量自己还有多长时间能够完成指定的工作。你也可以在“工作表”中标明一项工作的重要性，如果是紧急重要的，那么就要尽早去做。当你完成一件事后，就在这项事务后面打钩，代表这件事情已经完成了。

善用“行事历”和“工作表”，你可以对每一项工作的时间支配情况进行检查，这样就能在工作中做到心中有数，不必为该忙什么事务而担忧了。当你不用担忧任何事而全身心投入一项工作时，你的工作效率才能得到最大提升。

对照工作日志向自己“开炮”

阿里巴巴集团创始人马云说很多人不能成功的原因是“晚上想想千条

路，早上起来走原路”，此话一语道破很多事情真相。当一个人为自己制订了种种计划，却不去实施、不去用实际行动践行时，那么这些计划就是无用的。一个人的实际行动和他的计划大相径庭的人生是没有任何意义的人生。这就好比你有一张完美的旅行计划，却从未迈出一步，那注定是无限遗憾的。

既然不行动就无益于我们所制订的一切计划，那么对于我们所制订的计划就一定要跟踪、反思，如果你不愿意花一点时间去考虑理想、信念与行动之间的关系，那将无异于你一面狂热地追求某种事物，一面又不愿意去做要达成目标所需要的准备工作。如果是这样，你还抱怨什么呢？

自省，即审视与反思自我的动机和行为，是自我净化灵魂的一种手段，是人格上的自我完善。高效能人士不仅为自己制定决策，他们还非常注重自我反省，每隔一段时间，他们会留给自己一些时间，专门用来思考目标完成的情况，他们最善于通过自省来了解自己。

晚清名臣曾国藩一生坚持写“自省日记”，每天记下自己做了哪些事情，哪些做得不好，哪些做得出色。他用这样的方式来激励自己不断向高目标迈进。

政治家富兰克林为了培养自己的美德，罗列出 13 条准则。然后，他每个星期为自己准备一个本子，制定出“美德分类表”。每到晚上，他都要自我反省，如果日间犯了某一过失，就在相应的空格子里记上一个黑点。一个星期后，他再换另一本册子。通过这种自我反省的方式，富兰克林成为正直、真诚、勤勉、高尚的人。

总而言之，自省是对自我行动的一种检视，只有注重自省的人才能不断督促自己将做事的效率提升上来。

那么，在平时的生活中，我们又该如何做到自省呢？

你可以利用晚上休息的时候自我反省。结束了一天疲惫的工作，身疲力竭的时候，很容易对自己一天的所作所为进行反思。这时，你可以拿出当天所做的工作日志来，向自己“开炮”，对自己的行为进行思考。

- 你当天的目标是否完成？完成到什么程度了？
- 几点开始行动？能不能再早点开始任务？
- 在工作过程中，有没有让你分心以致无法完成目标的事情？
- 你完全投入工作，不受外界干扰的最长工作时间是多少？
- 你一天当中什么时段效率最高，什么时段效率最低？
- 你会在适当的时间做适当的事情吗？
- 你会照着优先次序的书面计划做事吗？
- 你是否在处理不应该做的事？
- 做事的过程是否还能再简化一些，有没有更高效的可行办法？

把目标分解，逐个完成任务

一般来说，人们更容易接受短期的、具体的东西，而对于那些长期的、模糊的东西则难以接受。再远大的目标，如果不能分割成一个个小的目标，就很难实现，即使真的实施起来，也容易让人因看不到曙光而情绪懈怠。所以，在实施目标的过程中，我们需要将目标分解，逐个完成任务。

把大目标分成小目标就像减肥一样，如果让你从 300 斤一下子减到 100 斤，你会觉得这是一个非常艰巨的任务，会感到压力巨大。但如果你能将这个任务按阶段划分，一开始只给自己减 5 斤的任务，那么慢慢你就会觉得，减肥其实并不是件多么难的事情。这种将目标一点点分割，直到彻底实现的方法叫“逐步逼近思维法”。虽然目标可以分解，但对于不同的人来说，分解的方法也不尽相同，下面我们来介绍两种比较常见的。

1. 剥洋葱法

剥洋葱，毋庸置疑，就是将大目标一层一层剥开，分成若干个小目标，然后再将小目标分解成若干个更小的目标，直到剥开洋葱的心，清楚地知道自己目前该做什么。

2. 多杈树法

如果将树干比作总目标的话，那么连着树干的分枝就代表一个个分解的目标，分枝上长出的小枝干代表小目标，而树枝上的叶子代表即时目标，也就是我们现在要去做的事情。我们现在要做的就是去完成那一个个小目标。在目标实施过程中，你可以通过画多杈树的方式一点点向总目标靠近。

- 写下你的总目标。
- 写出实现这个总目标所有的必要条件和充分条件，这些条件就是第一层树杈。
- 写出实现每个小目标所需要的必要条件和充分条件，这些条件就是第二层树杈。
- 依此类推，直到画出所有的树叶，这些树叶就是你的即时目标。这时，你的多杈树分解图也就基本完成了。
- 最后检查一遍，看看还有没有需要补充的。

通过分解一个个小目标，也可判断大目标的可行性。

一个从事保险行业的业务员的目标是年赚百万元，他能否实现这个目标呢？我们来帮他算一笔账。要想一年赚百万元，根据这名业务员的现有提成比例，他必须在一年内完成 300 万元的业绩。

根据多杈树法，一年 300 万元的业绩，平均每个月就要完成 25 万元的业绩，那么一天就是大概 8300 元的业绩。要想完成每天 8300 元的业绩，大概要拜访 50 个人，那么一个月就要拜访 1500 个人，一年拜访 1.8 万个客户。

那么，这位业务员现在就需要 1.8 万个 A 类客户。可以想象，这个难度其实是非常大的。假如没有这么多 A 类客户，就要不断拜访陌生客户。假设每个客户平均要谈上 20 分钟的话，一天要谈 50 个客户，就需要每天花 16 个小时以上与客户交谈，还不算路途时间。显然，这也是很难做到的。

通过这个小故事，我们就会明白，目标不是凭空想象出来的，需要依靠一个个能完成的小目标来确立。如果这些小目标都没有实际可操作性，那么大目标自然也无法完成。因此，在平时的工作中，要想提高工作效率，就要学会将目标分解，逐个完成任务。同时，你也可以通过分解目标来验证总目标的可行性。

第三章

培养高效的思维方式

将“不懂”的信息装入大脑，在无意识中进行整理

在工作中，不是每件事我们都能理解并做好，很多时候，即使我们努力摸索，也还是有搞不懂的地方。这个时候，你不必为自己的不懂而焦虑，因为每个人都不可能成为全才，每个人都有其不擅长的领域。

那么，在开会或工作的时候，如果遇到这类难搞的问题该怎么办呢?我们给出的答案是，在“不懂”信息的状态下，暂且让其沉睡。

工作中遇到需要分析并解决的问题时，我们会充分调动脑力进行思考，如果有“答案”，立刻调查后给出答案即可。但是，不是每个问题都会有很好的答案，有时候即使我们用力思考，还是无法给出很好的答案。这时候，很多人的做法是，立刻缴械投降，停止思考，选择放弃。这样做其实并不明智。

在工作中，我们经常会嘲笑一类人，这类人很负责任，对于分配给自己的任务，他们会认真完成，但是遇到需要思考解决的问题时，他们却会止步不前。这类人往往被称为“机器人”，他们只适合从事流水线上的作业，而不适合从事需要发挥创意的作业。

高效的思维方式需要摆脱普通的思维定式，能够创造性地分析和解决问题。所以我们要学会思考，而不是简单地执行。常言道“拙思似眠”，工作中很多人看似在思考问题，实际上大脑却丝毫没有开动。如何才能开动脑筋呢?

首先，对于“不懂”的问题，先将其装进大脑，再等其慢慢成熟。

我们的大脑有个特性，那就是它会在无意识的状态下整理信息。比如，幼儿学习词汇，并不是有意识地去理解词汇的含义，而是慢慢地加深对词汇的理解。大脑在整理信息的同时会不断完善信息欠缺的部分，从而塑造出整体形象。我们将大脑这个隐秘的功能称为“自我组织化”。大脑不仅能作为信息储存库储存信息，还能够自动整理信息、重组信息，是优质的信息整理库。所以，我们将不懂的信息装入大脑，大脑就会在无意识中重组信息。

生活中，你是否有这样的感受：晚上绞尽脑汁思考策划案，可是不管如何用力，苦战到深夜，还是什么也没想出来，最后只能倒头睡去。早上一起床却发现，前一天夜里让自己非常头痛的问题竟然已经轻而易举地解决了？是的，这就是大脑开启自动整理功能后的效果。

因此，想要提升工作绩效，你可以如下规划自己一天的日程。

- 上午：以输出为中心开展工作。经过一夜修整，大脑处于清醒的状态，逻辑思维能力强，因此尽量在上午完成写企划书、进行思维风暴以及做重要决策等工作。

- 下午：基于上午思考的结果，开展实际工作。此时大脑吸收了大量信息，进入混沌状态，你可以做一些不需要深思熟虑就能轻松完成的工作，如收集资料、整理资料、修改文件等。

- 晚上：以输入信息为主。大脑经过一天的消耗，在晚上很难再输出信息，因此要以输入信息为主。你可以看看书，将一些难做的事项输入进来，大脑会在你睡觉的时候进行思考，帮你解决问题。

换个角度看问题，能让你豁然开朗

1915 年，茅台酒在巴拿马万国博览会上勇夺金奖，与英国苏格兰威士忌、法国科涅克白兰地同享盛名，并列为世界三大蒸馏白酒之一，成为茅台酒走出国门、飘向世界缔造辉煌的起点。谈到茅台酒的获奖，就不得不提一个流传很广的轶事传闻。

据说博览会开幕几日后，名酒评选已快见分晓，但茅台酒不要说入选，就连尝都没被人尝过。评委们早就被各国名酒的华丽外观所吸引，哪里顾得上土里土气的陶罐装的茅台呢？此时参展的茅台酒厂代表深知，茅台酒虽然实力雄厚，但无人赏识，即使再自诩“酒中之王”也无济于事，总不能眼睁睁看着大奖花落别家吧，这该如何是好？就在这时，一位代表急中生智，当即取出一瓶茅台酒来，猛然用劲将酒瓶摔碎在地。顷刻间，酒香四溢，人们纷纷上前拾起酒瓶碎片来闻，更觉幽香扑鼻。

浓郁的酒香令评委们大为惊叹，他们争相倒酒品尝，交口称赞，就这样，茅台酒一举夺得博览会的金奖。

茅台酒夺冠的故事说明，生活中有些难题看似无法解决，但如果采用迂回思维，不正面出击，而从侧面或反面出击，便可柳暗花明。一个卓越的人，必定是一个注重思考、思维灵活的人，而不是一个只会抱怨，一条路走到黑的人。当我们发现一条路走不通或太拥挤时，就应该及时转换思路，改变方法，以退为进，寻找一条更加通畅的路。

通常情况下，习惯性思维颇能令人满意，但是一遇到棘手事情时，习惯性思维会让我们乱了分寸，一筹莫展。这时候，我们就需要发散思维，换个角度看问题。另辟蹊径，快速解决问题。下面的几种思维方法，可供大家借鉴。

1. 反转型思维法

遇到棘手问题难以解决时，我们可以从该问题所涉及事物的相反方向进行思考，找到新的构思。比如，我们可以从事物的结构、功能、因果关系等几个方面进行思考。

2. 转换型思维法

在日常生活和工作中，当我们用原有的方法处理受阻时，不妨试着采用另一种手段，或转换角度进行思考，找到新的能够使问题顺利解决的思维方法。

3. 缺点逆用思维法

任何一种事物都有其优点和缺点，有时候，缺点并不是一件糟糕的事，我们可以利用事物的缺点，将其转变为可利用的东西，化不利为有利，化被动为主动。

用图解整理思维的技巧

我们用大脑想事情，如果没有可视的直观形状，常常无法得到要领，有时还会在无意识中陷入沉思，无法拓宽思路。这时候，如果能将自己想到的东西画出来，就很容易归纳出思考的内容。无论如何，通过一些比较直观的形状将你意识到的东西勾勒出来，思维就容易转动起来，这样就能厘清事物的全貌。这就是我们要讲的用图解整理思维的技巧。

在图解中，最常见的是四象限定位。你可以通过建立 X 轴、Y 轴的方式组建四个象限，然后根据不同的事情按照不同的办法分类。

在营销部门，人们为了简明扼要地说明商品的定位，会经常将该图解作为定位图使用。他们会先组合两个轴，然后按品牌分别定位认知方式，如用两个轴分别表示消费者的认知方法和价格等内容，想办法使商品的定位更加明朗。

如下图所示：

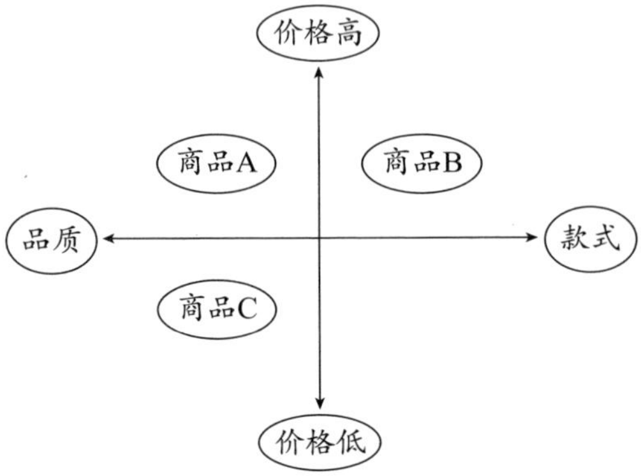

除定位图外，在经营战略上，产品项目平衡管理技术图（PPM）也非常出名。这个图是美国波士顿咨询集团研究出来的战略思考方法，用这个图可以直观确定要在产品与业务方面投入多少人力、物力和财力。确定战略方案一般需要考虑很多细节，制定过程是非常复杂的，而 PPM 则能用图解的方式清晰地呈现出这些内容，方便人们高效地做出决定。

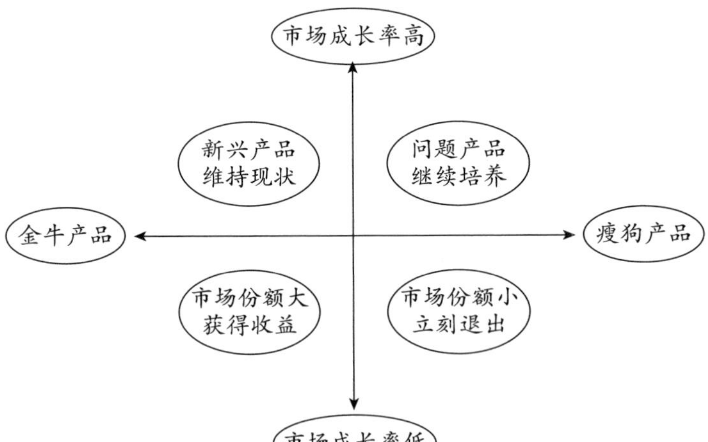

图解的一个很明显的优点就是，它能帮助我们发现漏洞。拿定位图来说，它能让你发现空白的部分，并从中发现商机。图解的另一个优点就是，你可以忽略与主体无关的事情，更加简单地思考问题。比如，

PPM 将所有因素缩减至两个轴，就能使人简单明了地看到各项业务与产品的位置所在。

利用前辈经验，不做重复劳动

当有人夸奖牛顿在科学领域做出的成就时，他谦逊地说自己只不过是站在了巨人的肩膀上。其实，不仅是牛顿，很多成功人士都是站在他人的肩膀上获得成功的。每个人的能力和精力有限，一个人很难在很多方面创造成果，因此人们往往专注某个领域，借助前人已有的经验进行事业开拓。

当今这个时代，信息高度发达，我们要想获得成就，就要学会站在巨人的肩膀上成就自我。在工作中，无论遇到什么问题，都要学会向前辈请教，因为你所不知道的事情可能从他们那里得到更有效、更及时的帮助。他们的解答能为你节省很多时间和精力，让你获得更多的时间处理自己的事情。

向优秀者学习，学习的是他们优秀的学习方法和学习经验。在学习的过程中，在与他们探讨和交流思想的过程中，我们才能发现自身的不足，及时弥补自身缺陷，找到更好的提升自我的方式。

麦肯锡公司有一个电子数据库叫 PD 网，这个数据库里有麦肯锡公司最近的项目和内部研究的报告。麦肯锡的新员工在工作时，便会到 PD 网上搜索那些对他们工作中遇到的项目有所启发的报告和文件。麦肯锡公司还有不错的商业图书馆，图书馆中对接了各大主要的商业数据库，员工们可以在其中找到他们感兴趣的商业期刊和商业书籍。麦肯锡的这些资源能够帮助很多咨询顾问的工作进行得更顺利。

在公司中，如果能有一个自己的导师，真的是件幸运的事。如果没有，就多在公司中寻找，主动向那些有能力、有实力的前辈请教问题。从他们那里汲取一些业务上的经验，既可以提高自己的工作效率，加快学习进步的速度，也可以让自己受到他们的青睐，在工作中培养起好人缘。

另外，多向前辈请教问题还可以给我们带来以下几点好处。

1. 寻找与自己当前观点矛盾的经历

我们可以主动寻找与自己的观点不一致的经历。它们可能存在于异域文化，也可能存在于那些与我们有不同想法的人那里，总而言之，去找一些令我们短时间内无法接受的想法，从而刺激我们走向思维的另一面。

2. 以旁观者的眼光看思维的过程

把平常生活抛在脑后可以赋予我们这样一种自由：从另一个角度看问题，观察这个世界将带给你一种思考自我的平和。静静地站一会儿，可以给你嘲笑自己所持的信念以及寻找一片新的空间的机会。

3. 随机化你的决策

思维惯性会影响我们的决策，因而，让决策随机化，就是以行动来干扰思维的惯性。不要总是去相同的饭店吃相同的食物，与相同的人谈天。我们可以积极地追寻新的经历，以跳出生活圈的方式来跳出思维的圈子。

培养及时发现问题的思维

我们知道，解决问题的基础在于发现问题的存在，如果问题未被发现，那么当事人也就没有解决问题的必要，当然也不会采取行动。而如果问题在非常严重时才被发现，错过了问题的最佳解决时间，那么事情可能会变得糟糕起来。因此，如果一个人具备及时发现问题的思维能力，那么他就能在问题初见端倪时及时将其解决，从而保证高质量、高效率地完成工作。

当我们每天在办公流水线上忙得团团转时，其实很难察觉问题的存在。所以，要想培养自己及时发现问题的思维，就要在平时养成观察和分析问题的好习惯，这样就能在初期阶段、事态尚未扩大时发现问题。

小张在一家电力公司上班，在业务企划部门任职，他每天的任务就是协调各个部门的业务，并制作会议数据。有一次，他的顶头上司陈经理找他谈话。

陈经理："小张，之前你送来的热轧钢卷的数字，我看过了，和之前的数字对比，我觉得成长似乎有些停滞。"

小张："是吗？可是我在看数据的时候觉得销售总额越来越高了。"

陈经理："销售总额只是其中的一个指标，成长率这个指标也很重要，你算一下，是不是比计划目标低了很多？"

小张："您这么一说，的确是这样了……"

陈经理："哎呀，电镀钢板的数据也有问题。你过来看一下，这个数据也比目标低了很多啊！"

小张："哦，真的吗？"

陈经理："小张，你看问题还不够全面。你的工作不仅仅是记录数字、整理数据，还要考虑和其他部门的协同。制造部门会根据我们预测的成长率，不断进行生产，如果我们提供给对方这样的数据，到时候就会造成大量库存。所以，这份报告还需要修改，你赶快处理一下。"

小张："好的，我明白了，真是抱歉，我马上去处理。"

在这个案例中，小张最大的问题是，他只是单纯地汇报数据，却没有及时发现成长率的变化。而发现问题最关键的是对变化足够敏感，这也是衡量一个人做事是否高效的指标之一。

也许会有人说，所谓的“问题”，就是别人提供给我们的，而不是我们自己找到的。其实不然，一个人的优秀之处，在于主动发现问题，解决问题。只有主动去做，一切才有可能。

解决问题的突破点在于发现问题。接下来，向大家介绍几个具体的技巧，帮助大家事先发掘问题。在平时的工作中，如果经常问自己以下几个问题，就将有助于发现问题。

- 当下的现状与你所期待的状况之间有无落差？
- 有没有什么差异性状况出现？
- 你是否感觉到哪个部分进展得不够顺利？
- 是否有任务没有按时达标？
- 是否有一些意外情况并不是你原来期待的那样？
- 若照此发展，未来是否会发生重大的不良状态？

回答这些问题，有助于你辨识问题的类型：将来可能发生不良状况的防范潜在型问题，恢复原状型问题，或是超越现状迈向理想的追求理想型问题。当你通过自问自查，能够做出有效回答时，你基本上就拥有了对现状的掌控力。这样，你的工作也就能在平稳快速中进行。

发散思维头脑风暴，让问题得到更多答案

集思广益是解决问题的一个很重要的方法。虽然很多公司都有智慧、博学的经理人和精英管理人士，但倾听局外人的观点未尝不是一件好的做事方法。当问题不能在客户、公司之间得到解决时，作为公司的管理者，你需要组织你的员工进行一番头脑风暴。所谓众人拾柴火焰高，利用众人的智慧解决某个问题，似乎不失为一件不错的解决问题的方式。

头脑风暴对解决问题有以下几种好处：

首先，在集体讨论问题的过程中，新观点不断被提出，这些观点不但可以成为建设性解决方案，还能引发他人的联想，进而产生连锁反应，形成更多的新观点，为创造性地解决问题提供更多的可能。

其次，头脑风暴能够激发众人的热情。人们在不受限制的自由境况下，可以自由发言，畅所欲言，也能够在这样的讨论中相互感染，突破思维禁锢，最大限度地发挥创造性思维能力。

另外，人们都有争强好胜的心理，都希望自己的观点能够被采纳，于是在头脑风暴中，人们的竞争意识也会促使自己不断开动思维机器，力求释放独到见解。在有竞争意识的情况下，人的心理活动效率可增加 50%甚至更多。

当明白了头脑风暴的优点之后，你便可以在适当的时候组织一下工作，开展头脑风暴。

要组织一场成功的头脑风暴，你需要注意以下几点。

1. 组织形式

人员构成尽量多样化一些，可以让不同专业或不同岗位者共同参与进来。会议需要主持人一名，记录员一名至两名。主持人只负责主持会议，记录员只负责记下会议期间产生的所有观点和言论。

2. 会议类型

可分为设想开发型会议和设想论证型会议两类。开发型会议的重点是获取大量设想，为课题寻找多种解题思路，对参与者的要求是：想象力丰富，口头表达能力强。论证型会议的重点是将众多设想归纳为实用型方案，对参与者的要求是：善于归纳和分析判断。

3. 会前准备工作

头脑风暴前，你需要准备的是便签本、铅笔、记号笔和一块干净的白板。只盯着数据进行探讨的开会模式已经老旧过时，成功的头脑风暴需要一块干净的白板，记录下你们在这场风暴中所有有意义的架构和建设。此外，你必须在踏入办公室前把预先形成的所有印象或偏见擦掉，这样才能不放过任何一个好的构思。

当然，会前组织者还要明确会议主题，确保每个参与者的发散思维能够作用于主题。会前还可进行柔性训练，对缺乏创新锻炼者进行打破常规思维，激发创新思维的热身训练，使其从单调乏味的工作状态中解脱出来，以饱满的热情投入头脑风暴中。

在头脑风暴的过程中，主持人的发言能够起到激发参与者创造性思维灵感的作用，所以，主持人应懂得各种创造性思维和技法，激发参与者思考问题，使场面轻松活泼又不违反脑力激荡的规则。另外，主持人还要在适当的时候以赏识激励的语句和微笑点头的肢体语言，鼓励与会者多多发散思维，提出不同的设想。

头脑风暴中可带来收益的技巧

头脑风暴要求不同能力、不同职称的人都参与进来。从高层的合伙人和管理者到初级的普通员工，都可以充分发挥个人才华，没有谁能保证，前者总能比后者有更好的点子。但是，参与者能否在头脑风暴中充分发挥个人能力，讲出自己的观点呢？这就需要会议组织者把握以下几项“准则”。

1. 禁止批评或评论

即使在你看来，别人提出的观点是幼稚的、错误的，甚至是荒诞离奇的，都不要批评或评判，也不要阻拦和驳斥，不要说“你这想法太陈旧了”“这是不可能的”“这些东西根本行不通”“这不符合要求”等扼杀参与者积极性的话语。你需要对任何人提出的任何观点保持足够宽容。只有这样，参与者才会在足够轻松的氛围中，积极主动思考并大胆地提出自己的创造性想法。

2. 与会人员一律平等

在工作中，虽然每个人都在不同的岗位上担任着不同的职责，但在头脑风暴中，要忽视每个人自身的职位。与会人员，不论是该领域的专家、学者，还是普通员工或者其他领域的外行，一律平等。对于头脑风暴中的各种设想，不论大小，不管平庸或荒诞，都要认真地将其完整记录下来。

即使别人的某些想法很一般，你并不赞同，也不要去否定它，否则对方就会因为害怕被嘲笑“这是个坏点子”而不敢发言。辩论是头脑风暴的重要组成部分，谁能保证一个并不起眼的想法在经过几分钟讨论之后，不会催生出另一个好的想法呢？所以，即使是看起来并不起眼的想法，也要给它一次机会。

3. 主张独立思考

在头脑风暴中，不允许私下交谈，要保证每个人都有独立的想法。提倡任意想象、随便思考、自由奔放、尽量发挥，主意越新、越怪越好，因为它能启发他人推导出好的观念。

4. 不强调个人的成绩

创造民主环境，不因多数人的意见否定少数人的观点，保证每个人都能畅所欲言，肯定每位参与者的价值。

5. 目标集中，追求设想数量

会议以谋取设想的数量为目标，鼓励大家多设想，多多益善。

6. 知道适可而止

头脑风暴要花费时间，但并不是越多越好，如果花的时间过长，就会造成收益的减少。通常来说，一场头脑风暴的时间控制在一个小时至两个小时为最佳。两个小时以后，讨论气氛就会减弱，这时候大家的工作效率也会降低，所以最好在团队疲惫之前喊停。

7. 好记性不如烂笔头

存在于人头脑中的东西总是容易被遗忘，如果想要那些闪念而过的灵感不消失殆尽，就一定要在关灯离开会议室前留下有关讨论结果的永久性记录。千万不要对自己的记忆力抱有太大希望，当你的肾上腺素用完、疲惫开始登场时，它就会离你而去。

利用办公室物品，提升工作效率

人的灵感与想法常常是在不经意间产生的，有时候，我们越绞尽脑汁想要想出一些好的想法，就越毫无新意。所谓“有心栽花花不开，无心插柳柳成荫”，当我们不硬着头皮去琢磨的时候，一些好的创意反而会在某时某刻诞生。

所以，在平时的生活中，我们要学会想一些办法，留住这些闪光点。

1. 记事贴

给办公室的每个人发一沓记事贴，这个记事贴专门用来记录自己平时的点滴想法。这是一个迅速生成许多好点子的方法。

英国生物学家达尔文一直保留着记笔记的习惯，在达尔文的笔记中，他清楚地写着自己在思考问题的过程中曾引用的各种资料、他临时产生的新思路以及在后来的调查研究中逐步排除的错误线索。为了方便理解，他还画了很多图表。这些笔记总能帮他找到自己想要的东西。他的笔记本不仅用来记录他的思想，还能让他在重读的过程中发现字里行间的一些潜在信息，让他获得新的思考。

2. 翻页挂图练习

在办公室里放几张翻页挂图，每一个都用不同类别或问题做标记。团队成员在休息时，常常会从挂图前走过，可以在适当的翻页挂图上写下自己的观点。当然，还可以给每个人发一支不同颜色的记号笔，这样就能方便查找是谁提出的好想法了。

3. 打造共享多样的办公室环境

为员工创造一个好的工作环境，不仅能提高他们的满意度，还能激发他们的创造性思维。一个好的工作环境不仅要保证员工的独立空间，还要保证与他人之间的沟通协作。好的工作环境要支持工作模式间的转换，如下所示。

我（独占）：当你独立完成某项工作或构思方案、阅读文件资料时，一定不想受到外界干扰，只有全身心投入才能高效率地完成工作，这时，你需要一个专属的空间，让自己更加专注于个人工作。

我（分享）：当你需要与同事合作完成一件事，或者需要会议讨论时，你要发表自己的想法，并与其他成员充分交流，这时，你需要一个可以促进团队合作的会议空间，帮助你更有效地工作。

我们（独占）：团队成员需要进行集体学习或企业培训，以提升业务能力时，需要占用培训室，并且和他人分享，这样学习过程才会更高效。

我们（分享）：这是一个社交过程，同时也是一个知识互换过程。重要的信息在于分享，当你们与他人分享信息时，无形中也拉近了彼此的距离，激发了彼此的创新灵感，让沟通变得更加轻松顺畅。

总之，一个高效的办公场所既能为员工安排好固定的办公区域，又能为其移动办公设置可以共享的“流动办公区域”，为个人和团队办公提供多种区域，提升办公效率。

简化思维，一切可以更简单

古希腊南部有个王国叫拉哥尼亚。公元前 4 世纪，强大的马其顿王国的国王腓力二世向拉哥尼亚发起猛攻，并给被围困的拉哥尼亚国国王发了一封信件，上写：假如我们攻占城池，必将把它夷为平地。但是，从容的拉哥尼亚国王只回了一个词：假如。拉哥尼亚人一向以说话简洁著称，即使在紧要关头，他们也不肯多说一个字。于是，后人便将这种简洁思维称为“拉哥尼亚思维”。

“拉哥尼亚思维”认为，简练才是真正的丰富，简单的东西具有想象空间。在工作中运用简洁化思维能让事情变得更加简单，让工作效率更高。有时候，简洁往往还能收到不一样的效果。许多富有智慧的东西往往并没有多么复杂，因为复杂了就容易扰乱人的心智，只有简洁才能装点人的灵魂。

在工作中，简洁能提升效率，能让复杂问题变得容易，所以我们在工作中也要力求将简洁做到极致。

简化工作一般可分为以下几个步骤。

- 检查你的邮件，每天一次。如果每天多次检查邮件或社会媒体账号，往往会耗费很多时间、精力，所以尽量简化工作，将所有事情集中处理。
- 尽量用简短的话写邮件，如果可以，将你的邮件缩减至 1 ~ 5 句话，对一些储存在你电子邮箱中的普通问题，可以预设回复，这样可以尽量为你节省更多的时间。
- 在静音区工作。工作之前，将手机调为静音，并将其放到你的抽屉中，如果可以，断掉网络，让自己不受任何打扰。
- 考虑全盘工作情况，根据具体情况适当取消一些无用的任务，对各项作业进行合并、重排或简化，以便找出最好的工作方法。
- 每天问自己，工作是否足够简洁，是否还需要整合，是否将事情简单到极致了。
- 求助。你没有必要总是一个人解决所有问题，一些不明白的问题，要多向周围同事或上司求助。当你的问题在他人的帮助下得到解决时，你会感到全身放松。学会利用身边的资源，能让一些看似复杂的问题简单化，让自身的压力得到缓解。当然，当别人需要你的帮助时，也要记得帮助他们。
- 有意识地维持工作与生活的平衡，设定每天的工作时间，尽量避免在周日工作。这样你将有更少的压力和更多的精力来做好你的工作，同时享有高质量的私人生活。

细节思维，关键时刻以细节取胜

人人都想做大事，立大业，成大器，但是生活中，成功的人寥寥无几，这就是轻视和忽略细节的结果，这些人往往不愿在小事上费心思，所以很难成功。杰出的职场人士往往注意培养自己在细节上的专注力，他们明白：只有细节做好了才不容易出错，只要不出错，工作效率就能得到提升，就更容易取胜。

细微之处见精神。做好那些微小的细节，虽然不能很快为你带来巨大的收益，但能在潜移默化中产生作用。在工作中，有些事务看似简单却不轻松，如何在例行工作中提高效率、杜绝失误是值得我们深思的问题。这就要求我们在工作中既要胆大，又要心细。

那么，如何在平时的工作中做到以细节取胜呢？你需要做好以下几点。

1. 了解自己的短处

我们首先要了解自己的短处，知其不足而后改之。如果我们明明了解自身的短处，却不加以重视，不去修正，终有一天，它会成为脚下的羁绊，阻碍你获得成功。

2. 在小事中培养良好的习惯

英国作家萨克雷说："播种行为，可以收获习惯；播种习惯，可以收获性格；播种性格，可以收获命运。"习惯与命运有着某种不可割裂的联系：不良的习惯会阻挡你走向成才、成事和成功的路途，而良好的习惯则能改变我们的人生，一旦养成，便可受益终身。

所以，在最开始的时候，职场人士一定要培养自己良好的工作习惯，对于上司交代的事情，即使是小事，也要力求完美，做到最好，久而久之你会发现，这些在前期培养起来的良好习惯能使你在未来的工作中受益良多。如果一开始没能培养起好的工作习惯，时间一长，很多弊病都会表现出来，如拖沓、缺乏执行力、工作不认真……慢慢地，我们就会毁在自己的不良习惯上。

3. 对待上级谨慎而不拘谨

面对上司交办的任务，可以谨慎，三思而后行，但不必过于拘谨。在工作中，重视细节的人在汇报工作时思路清晰，言语简练，能够干净利落地完成领导交办的工作，且在细节上不出错。

4. 自信但不自负

有些人在工作中一旦取得了些许进步就自傲自大，从而表现得目中无人，这是非常不利于个人发展的。时间一长，他的恶习会让周围的同事和领导对他产生一些看法。所以，职场人士对待基层工作一定要细致认真，不得马虎。只有这样，才能取得他人的信任，从而有助于个人能力的提升。

5. 学会“从大到小”的工作模式

对细节的把握也表现在对全局的把控上。要想提升效率，首先要有全局观念，在做事时不能喧宾夺主，主次不分。在工作中，要学会领会整个工作意图，从大处着眼，审时度势，合理安排，不能就事论事，断章取义，从而违背整个工作的初衷。当然，在通观全局时还要注意工作的细节，做到事无巨细。

第四章

坚持要事第一的原则

先做最重要的事情

马克·福斯特是《不抱怨时间：谁说重要事不能明天做》的作者，他说："工作者通常只会用现在做和等一下做来区分事务。只是在很多情况下，你现在做的工作未必是最重要的事；被你放着等一下做的工作，很可能正是最重要的事，却被无限期延后了。"

福斯特建议人们丢掉这样的二分法，用"当下""当天""明天"这3种时间性来划分事务的处理顺序。

当下立即要去做的事情。这个意思就是需要你放下自己手中的事情，马上去做的事情。福斯特说："在真实世界里，几乎只有专门处理紧急事件的组织（例如，消防队、救护车、各组织的服务窗口等），经常遇到当下就要行动的事件。"

当天就要做完的事情。当天的意思是说，需要你在那一天把这个事务完成，但是并不需要你立马去做。福斯特说："在行动之前，先思考任务的排序。最好的方法就是写下我们打算做些什么，因为人脑多半时间都是凭直觉反应做事，通过书写，可以让大脑从直觉模式切换到理性思考模式。"

明天以后再去做的事情。我们每一天都面对着那么多干扰因素，除非有非做不可的理由。比如，现在你不去做，明天就不用去上班了。否则就应该把这件事看成明天处理也行的事情。

史蒂芬·柯维被称为"人类潜能的导师"，他说："世界上最不幸的事，就是你生命中重要的事情，总被推到后面的位置。”因此，他给很多人的建议是：试着把自己的目光从“具体的时钟”移开，摆脱有形时间的局限，转而运用“心理罗盘”。明确事情的重要性，再决定它是不是你现在该做的当务之急，不让突如其来的事情轻易把你的计划全盘打乱。

彼得·德鲁克是《卓有成效的管理者》的作者，他针对管理者怎么找出最重要的事情提供了一些建议。

管理者应把时间、精力和才智投入补救或摆脱以往缺乏生产力的做法，有规律地检讨自己的工作计划以及同事的工作计划，应常常问自己：“如果不是已经在做这件事，我们现在还会不会这样做？”如果答案是“不会”，那就应该立即停止或大幅减少这项活动。

管理者决定自己什么事情可以稍后处理。德鲁克认为，要决定什么事情需要优先处理其实很容易，因为在时间压力下，很多人都会选择先做看似急迫的事。然而，这么做将导致管理者永远在解决昨日的危机，而非为明日开创新局；并且势必会牺牲许多重要事务，因为重要的事很耗时，也永远可以慢一点再做。

因此，关于怎么来分清事情的轻重缓急，德鲁克说：“真正重要的不是明智的分析，而是管理者有没有勇气。选择未来，而不是过去；着眼于机会，而不是问题；选择自己的方向，而不是随波逐流；拉高企图，把目标放在能真正发挥影响、带来改变的事情上，而不是很容易达成的安稳目标。”

最先做你最不愿意做的事情

小李是一位设计师，对于小李来说，他最厌烦的工作就是数据分析。

他大学学的是中文，从大学开始他就远离了数学。每当看到数字和那些图表他就觉得头晕，对这些也没有一点兴趣和耐心。但是他的工作又必须接触这些，在了解产品的时候，总会有一些数据要分析，比如说市场占有率等数据分析。只有分析了这些数据他才能了解客户需要什么，才能找到产品吸引人的地方，之后再做出好的方案。所以，遇到数据分析的工作，他总是拖很久。

小李也发现在工作中还有很多人有这样的问题，如小赵，他不喜欢给客户打电话，他经常自己在记录本上写很多东西，但就是不愿意去打电话。打电话的频率低，那么其业绩也肯定不高。行政部的助理小王最不喜欢统计每个月的考勤，他觉得这件事情很费时间和力气，所以每一次的考勤报表他都是拖到快要发工资的时候才去做。

职场上这样的问题还有很多，身在职场，再不喜欢的事情也要硬着头皮去做，因为这是逃避不了的问题。美国作家马克·吐温说："每一天早上先把最恼人、最讨厌、最大的事情解决掉，这样一天之中你就不再需要为那件事情烦恼了。我们常常会有鸵鸟心态，把恼人的事情留在后面处理，但这样反而会让我们无法专注处理其他事情。"

其实，大多时候，那些令自己厌恶的事情一般都是最有用的事情。对于设计师小李来说，了解客户的需要、抓住市场的痛点很重要；而对业务员小赵来说，只有多打电话和客户沟通，才有可能拿到订单。人这一辈子最大的敌人不是别人，而是自己，妨碍成功的是自己的各种不良习惯，而这些不好的习惯大都来自心中的"舒适区"。要改掉自己拖延的习惯，那就要每天首先去做自己不喜欢的事情。

马克·吐温也说："每天去做一点自己心里并不愿意做的事情，这样你便不会为那些真正需要你完成的义务而感到痛苦，这就是养成自觉习惯的黄金定律。"也就是说，一个人想要改掉自己的不良习惯，那就不要一直沉溺于自己的"舒适区"，但这对很多人来说都是一件很难的事。

小李并不喜欢数字，但他可以逼着自己以玩数独游戏的方式去看一些财经的报道，主动去做一些数据分析，慢慢消掉自己对数据的抵触情绪，过不了多久，他就会发现自己在做数据的时候，没有以前那么没耐心了。他也会习惯首先去做一些数据分析，因为做完这件事情之后，剩下的事情就是自己喜欢的，这样心理上就会感到轻松，拖延的情况也会好很多。

这样看来，远离自己的“舒适区”并不是那么困难，只是在刚开始的时候会有一些不容易。当慢慢地习惯它的时候，你就会喜欢它。不因为自己心理上的厌恶而拖延工作，这也是人生中一项重要的自我修养。谁做到了，谁就是真正的强者。

一次性解决事情，不寄希望于以后

“人非圣贤，孰能无过。”要一点错都不犯是不太可能的，但是我们也可以发现，在工作中绝大多数的错误是可以避免的。人犯错误的根本原因，不是没有不犯错的能力，而是没有不去犯错的态度。

有一个制造业的老板，为了产品的合格率和成交期伤透了脑筋。在一次协商会上，一个从基层升上来的班组长提出了一个大胆的建议：取消返工的流程，把合格率直接与奖金挂钩。

管理层听了这个建议后很不理解，因为取消返工流程，意味着增加员工的压力。在大家的观念里，产品不返工是不可能做好的。但是老板也想不到更好的主意，决定拿他的办法试一试。

没有想到的是，因为没有返工流程，工人们对手中的产品格外谨慎，错误大大减少。更重要的是，工人们发现：第一次就把工作做对竟然那么省事。他们的工作热情、工作态度，甚至是生活态度，都有了很大的提高。三个月之后，这家企业的产量实现了翻番，而产品质量没有受到任何影响。

由此可见，“第一次就把工作做对”并不是不可能的事情，相反，这是对企业和员工个人都负责的一种工作要求。提倡第一次就把工作做对是一种安全、科学且高效的工作方式和方法。

很多人都有这样的经历，工作越忙越乱，解决了旧问题，新问题又产生了。由于慌乱而产生新的错误，结果越忙越乱，这不仅让自己忙，还会让身边的人跟着忙，最终造成人力和物力的浪费。要想在工作之中避免这种“忙乱症”，第一次把事情做对是最好的办法。

执行力的高低决定着竞争力的强弱，也影响着企业的生存和发展。因此，要想让自己成为高效的人就要“第一次就做对”。“对”是战略目标，“做”是执行，“第一次”是效率。

我们每一个人在工作之中都应该检讨自己的工作，因为第一次没有把事情做对，就会给企业造成巨大的损失，而第一次就做对必定创造财富。忙于解决问题一定会让你破产，企业之中每个人的目标都应该是第一次就把事情做对。

你还是很忙吗？当然忙，但希望是忙着创造价值，而不是忙着制造错误或改正错误。第一次就把事情做对，是一个职业人应该具备的能力，应该从小培养。

管理思想家克劳士比提出过一个“零缺陷”理论，它的精髓就是：第一次就把事情做对。那么，应该怎么去做呢？克劳士比提出了四大核心理念。

- 确定工作目的：为了满足客户的要求而工作，而不是为了自己的主观意愿而工作。
- 建立“一次就做对”的基本准则：不要凡事追求差不多，要努力做好。
- 消除达成这一准则的障碍：消灭工作中的返工环节，特别是思想上不要存在这样的想法。

- 努力工作：你认真执行和努力付出，会换来高额的回报。

其实，生活就是这样，当你不为自己找任何借口，一次就把事情做到最好，那就不会再有其他的小麻烦，你的情绪也不会因此受到影响，进而提高效率。

怎么击退职业倦怠感

在生活中，总有一些朋友会抱怨自己的工作越来越不好做，自己没有干劲，打不起精神，只是凭着惯性在工作。这些人之中有工作好几年的职场精英，也有刚刚进入职场的新人。对于前者来说，他们所产生的职业倦怠可能是因为自己低水平地重复着工作，而对于刚刚入职的新人来说，主要的原因是对现阶段的职业抱有过高的预期。

职业倦怠大概有以下几个方面。

第一，工作环境不佳。环境对人的身体和心理有很大影响，长时间在高温、嘈杂、强光的环境之中办公，人的身体就会受到伤害，会出现视觉疲劳、头痛、脖颈痛等问题。身体不舒适、心理上肯定会受到影响，做事情的效率就会降低。仔细想想，一个人身体在受煎熬，心里怎么会不急？自己的心静不下来，怎么能有效率地完成工作呢？这样循环下去，之后一定会厌恶自己的工作。

那么，遇到这样的情况应该怎么办呢？每一种工作的性质不一样，因此需要注意的事情也不一样。对于久坐办公室的人来说，颈椎、视力、腰椎最容易出现问题，所以要多做运动，同时不要让自己的眼睛太累。对于服务行业的人来说，他们也许需要长久站立，这个时候他们应该选择舒适的鞋子，多注意保护自己的腿。身体是革命的本钱，只有保护好自己的身体才能好好工作。

第二，精神压力大。大脑长时间高度紧张，得不到充足的休息，就会感到疲惫不堪，会出现失眠、抑郁等症状。很多销售工作者每个月都要完成一定数量的任务，如果完不成任务，他们就没有提成可拿。为了能够拿到报酬，很多人都会选择加班，时间长了，很容易出现职业倦怠。原来能轻松完成的事情，之后却怎么也提不起精神来。

对于这样的问题，最好的办法就是从转变对工作的认识开始，不要把工作当成生活的全部。工作和生活要区分开，上班时间专心做事，不要总想着下班后加班。休息的时候要彻底放松，不要占用生活时间来工作。这样才能让工作和生活达到平衡。

第三，人际关系不好。如果一个人在公司没有办法和同事愉快相处，反而互相钩心斗角，这样的人际关系会让人觉得很累，我们就会没有办法安心工作，对工作也就慢慢地没有热情了。

在职场中，做好我们的本职工作是第一位，但也要重视人际关系。首先问问自己，是不是同事真的为难你了？还是你自己内心看不惯人家？有时候站在他人的角度看待问题，结果就会不一样。要想改善自己的人际关系，要从改变自己开始。

第四，缺少合适的平台。很多人在公司觉得没有展现自我的平台，也体会不到工作带来的成就感，自己的工作效率慢慢地也就不高了。还有一些人，本身很有才能，公司也有适合他的职位，但是他一直得不到领导的赏识，这也会让他对工作产生排斥。

我们要清楚自己在工作中的作用，想想自己是否在工作中尽全力了。公司规模的大小和晋升空间不是绝对成正比的。不管做什么工作，你首先要有好的业绩，这样才会被别人发现。如果我们本身非常不喜欢自己的工作，那不如换一个工作看看。

善抓机遇，争取主动

社会学教授周孝正说过：“这是一个处处充满风险的社会，大到国际、国家的，小到个人的。”在当下充满竞争和风险的社会，只有像西点人那样直面竞争，看清当下的局势，认识到越接近风险就是越接近成功，才能够在机遇到来时及时地把握机遇，并且走向成功的道路。一个人如果没有勇敢的精神，那么他已经和成功失之交臂。

苏格兰国王亚历山大攻下敌人的一座城市后，有人问他说：“如果有机会，你会不会把第二座城市攻占下来？”

他听完之后生气地说：“什么？我并不需要机会，我自己可以创造机会。”

机遇不可能没有来由地从天而降，机遇也不会像路标一样，就在前面等着你。机遇具有隐蔽性，它是隐藏着的；机遇具有潜在性，它等待被人开发；机遇也具有选择性，它只眷顾那些先行动的人。因此，机遇很难等来，要靠自己主动争取。

在生活中，有的人机遇很多，这是为什么呢？从他们的行动之中可以看出，他们有自己接近机遇的机会，也有创造机会的办法。为了让你有更加美好的人生，以下几种方法可以借鉴。

1. 要努力表现出自己的能力

我在生活中一直在说机会，那么什么是机会呢？机会就是给自己的才华安装了聚光灯。这就是说，要想有机会，只靠才能是不够的，还要把自己的才能展现出来，让上司和身边的人知道。

2. 机会来临的时候，要快刀斩乱麻

有句话说“机不可失，时不再来”。有一些人，在平时没有主动挑战的精神，当机会来临又犹豫不决，不知道自己该不该接受。由于他一直在患得患失之中，于是机会就悄悄溜走了。因此，我们在平时就要养成挑战的习惯。在机会面前，当仁不让。

3. 做一件事情的时候要比别人早一点

好的开始是成功的一半，但很多人都没有一个好的开始。好的开始一般来自充分的准备和详细的计划，而这些来自前瞻性的思考。做事情的时候比别人早一点，就会比别人更迅速地知道未来的动态，这就是那些高效率人士做事高效的原因，也是他们的思维方式。

4. 敢于冒险，来加大自己的机会

想要抓住机会，就要有一点冒险精神。机会一般都有风险，要是我们不敢冒险，就会丧失很多机会。我们在精力充沛的时候要敢于冒险，多为自己的人生增添色彩。当然，这并不是说敢于冒险的人肯定会成功，但是那些不敢冒险的人肯定会失去很多机会。

5. 不怕别人的嘲讽

有时候在工作之中，我们想提出一些意见，但是始终没有提出来，这是因为我们害怕别人说三道四，害怕别人讽刺挖苦，于是自己就打退堂鼓了。人人都想得到别人的支持和欢迎，这是肯定的，但是也应该问自己，什么样的人会支持你，是那些嫉妒你的人还是那些想要进步的人？

6. 做一个有创新精神的人

你觉得一件事情应该做的时候就去做；当你觉得公司应该开发新的产品，你就应该主动提出来。主动的人也许在刚开始的时候单枪匹马，但是只要你的想法积极可取，不久就会有很多人支持。

按照承诺和约定去做一件事

人生在世会遇到很多事情，也会结交很多人，有的人是因为你们共同经历了某件事情而结交，也有的人是因为和你共同经历了某件事情而绝交。事情并没有什么大问题，不能将两个人是否能够结交全然归结在这件事情上，而应归结在双方共同处理这件事情的态度上。大多数绝交的情况是出于其中一方不严谨的态度，承诺好的事情，给了对方期待，最后却因为遭受了重重困难而没有达成，那些轻易给出的承诺，最后变成了一纸空话，令共事的人怀疑你的人品和诚信度。在工作之中不信守承诺就会影响团队的情绪，让团队的工作效率下降。

如果一个人轻易许下承诺，却不去履行它，就会受到人们的攻击和厌恶。世上之人最厌恶的大都是那些不守信用的人，因为这类人做的事往往不靠谱。本来人们对他寄予了厚望，最后他却失信于人，让人们大失所望。

所以，我们在与人交往时，最好管住自己的嘴巴，不要轻易向人许诺。在做出承诺时，要充分考虑到期间可能出现的各种麻烦和不能实现的可能性。不要将话说得太过绝对，让对方事先有所准备，一旦未能兑现承诺，也不至于失信于人。

很多人都崇拜李嘉诚，他从一个贫贱的学徒成为华人首富的奋斗历程是励志的经典案例。在我国香港地区的商人圈中，流传着一个说法：只要和李嘉诚签订合同，就不用担心合同执行的问题。李嘉诚就是靠这样的信誉在商圈中成长起来。诚招天下客，利从誉中来。只有遵守承诺，把诚信经营进行到底，才能赢得客户、赢得市场，才能在最短的时间内有所收获，才能让自己的企业长盛不衰。

哲学家威廉·詹姆斯说："如果你能够使别人乐意与你合作，不论做什么事情，你都可以无往不胜。"唯有以诚待人的人，会因为合作而获得更大的力量，这种力量会让你做事更有效率，争取更大的成功。

对结果承担责任

有一天，主人把货物分成两份，平均分给了驴和骡子。驴看到自己驮的东西和骡子一样多就很不高兴地说："主人给骡子吃的东西比给我吃的东西多一倍，却让我和它驮一样重的货物。"走了一段路之后，驴走不动了，主人就把驴身上的一部分货物转移到骡子背上。再走了一段路之后，驴又没有精神了。主人又转移了一部分货物。最后驴身上没有货物了。这个时候骡子瞪着驴说："你现在还会觉得我吃的东西多吗？"生活中，每个人都有自己的能力，也有自己的责任，推卸自己的责任就是对自己能力的否定，是一种懦弱的行为。人要勇于承担责任，具有责任感的人才会受到别人的尊重。

对于那些工作没有责任感的员工来说，他们一般都缺少把事情做好的恒心和毅力。这些人一般不知道怎么训练自己的个性，也达不到自己的目标。

责任分很多种，有些是强加给你的，如上级领导的安排、朋友的嘱托、伴侣的牵挂等。这个时候，我们就要在适当的时候扮演一个适当的角色，在领导面前我们是员工，在朋友面前我们是手足，在伴侣面前我们是与之携手相伴的人。在扮演这些生活必需的角色时，我们还要扛起那一份属于我们的责任，对领导尽心尽力，对朋友两肋插刀，对伴侣关爱有加。人的一生很难一帆风顺，我们不能因为一点挫折就辜负了人们的厚望。

每个人都要承担自己背负的责任，如果一个人连自己最基本的责任都不愿意承担，他以后会有什么出息呢？当我们尽力去做一件事情的时候，即使完不成，我们也应该对它承担责任。在这个纸醉金迷的社会，我们虽然不能改变什么，但也要扛起那一份属于我们的责任。

在工作之中，敬业精神最直接的表现就是：干一行，爱一行，对工作一心一意，也只有这样才能脱颖而出。一个有着这样的敬业精神的人，即使他现在很平凡、很普通，将来也会成为优秀的人才。

做事情之前要做好准备

“凡事预则立，不预则废。”这说的是防患于未然的重要性。如果我们在做任何事情之前，都能用长远的目光看问题，及早发现问题并解决问题，那么我们就能收到事半功倍的效果，否则只会事倍功半。

古代名医扁鹊有两个哥哥，他们兄弟三人都是医生。有人问扁鹊：“你们三个人之中谁的医术最高啊？”扁鹊回答说：“大哥的医术最高，二哥次之，我的医术最差。”他为什么这样回答呢？原来，他的大哥懂得怎么预防疾病，那些和他接触过的人都很少生病，所以扁鹊说大哥医术最高；他的二哥所到的地方，不管人们患有什么病，他都能治好，所以扁鹊说二哥医术次之；而当人们病入膏肓的时候，扁鹊把他们从死神手中救回来，所以他说自己的医术最差。从扁鹊的回答之中可以看出，预防胜于治疗，如果能把问题消灭在萌芽之中，那么我们做事就会事半功倍。

在现代生活中，防患于未然的例子随处可见。比如，刚出生的小孩打预防针，来预防各种疾病；出门前如果碰上天气不好，我们就会带上伞；现在越来越多的楼房具有防震能力，预防地震的发生，诸如此类的例子不胜枚举。只要你是一个有心人，就总会看到防患于未然的例子。

在生活中，做事要有计划，不急于求成，这是一个人非常重要的为人处世方式，甚至与人生的成功相连，要正确认识这一习惯的意义。此外，我们在生活和学习之中要有意识地去培养这种习惯。

不管做什么事情，也不管面对什么样的情况，我们都要事前做好充分的准备。要知道只有在做好准备的前提下，我们做事才会有效率。如果一个人在自己什么都没有准备好的情况下就去做事情，那么他成功的概率也不大，甚至会有糟糕的事情发生。

曾经有这样一个故事：有一个猎人去打猎，别人劝他把自己的枪装上子弹再去打猎的地方找猎物。他不听，说："打猎的地方还远着呢，到那个时候再装也来得及。"走着走着，他发现水面上浮着一大群野鸭，他慌忙装子弹，鸭子们听到响声就飞走了。很多人都觉得这个故事是说一个人不听别人劝阻的故事，其实同时它也说明了机会总是留给那些有准备的人。

中国著名钢琴家郎朗在自传里说，他刚开始走在钢琴职业道路上的时候，只不过是一名不起眼的替补，而且还是第七替补，这就意味着，只有演奏家和前面六位钢琴师病倒的时候，他才有机会上场表演，然而这种事发生的概率几乎为零。但是他并没有因此放弃，依然没日没夜地练习钢琴，他的认真打动了一位著名的演奏家，于是他把郎朗提到第一替补的位置。终于有一天他有机会登上演奏台，一曲弹奏完毕，全场观众起立为他鼓掌，这让他一炮而红，现在他已经成为中国著名的钢琴家。如果当时他因为"第七替补"不高兴，放弃了自己的钢琴生涯，那么他到今天依然是一个替补。

确认自己的角色，在工作和家庭中保持平衡

在工作和家庭之中，我们都扮演着自己的角色，但是有的时候我们会把工作中的情绪带进家里，有的时候也会把家里的情绪带进工作中。因此，我们要在工作和家庭之间保持平衡。女性不仅要顾及家庭，还要上班，那么应该怎样在工作和家庭之间保持平衡?

1. 再要强的女性也不要做完美主义者

职场女性在主观上一般存在完美主义倾向，不仅想做一个好母亲、好妻子，把家里的劳动干好，还想在事业上做到最好。但现实是不可能十全十美的。既想有好的事业，又想成为贤妻良母，是很难做到的。当自己的期望达不到的时候，就会产生压力，所以降低期望，降低目标，做到平衡就好。

2. 职场女性完善性格

对于很多职业女性来说，她们在工作上取得成功肯定投入了很多的时间和精力，而一个人的时间和精力是有限的，如果在事业上投入过多，那么她在家的时间肯定会相应减少。在工作中，一般要求女性果断、理性、讲究效率等，但如果把这些带进家里是不行的。家是温暖的小窝，家庭需要爱和感情，所以在家里女性应该更感性，家不是讲理的地方，而是重情的地方，在家庭中要多一点包容，多一点温柔，这样的家才会温馨。

这也就是说，在工作之中要求女子表现出自己性格中刚强的一面，而在生活中，需要的是女子柔弱的一面。如果一个女人过于刚强，就会被说

是女强人；一个女人过于柔弱，就会不独立。因此，做到独立又保持自己的女人味，对于一个女人来说需要更多的智慧和生活经验。

3. 沟通的重要性

有心理学家曾经说："经过多年共同生活，夫妻俩往往会越来越相似，这样会增加亲情，而减少相互之间的吸引力。因此，如果要保持持久的吸引力，首先就要注意适当地保持自己的个性、独特性、差异性。其次要做到夫妻平等，这样才能让每个人保持较好的独立性和自主性。如果夫妻之间不平等，只要一个人说出什么观点，就会遭到另一个人的批评或否定，被批评者就会越来越少去主动表达自己的想法和情感，夫妻间的矛盾冲突似乎是减少了，可同时两个人的心也会越来越远，也就丧失了吸引力。所以，夫妻之间要平等尊重，要有勇气表达自己的思想和观点。当对方表达的时候，我们要注意耐心倾听，而不是着急打断，更不能觉得自己已经理解了对方的意思而不让对方说出自己的想法和感受。此外，独立性是夫妻相爱的重要基础。以独立为基础，然后才能有相互的沟通和理解，失去了各自的独立性，也就失去了爱情。"

4. 懂得人生的取舍

人生的旅途中，我们不断进行取舍，取是一种本事，舍是一种哲学。得到的时候必有失去，而放弃的时候也会有所得。人在出生的时候，应该尽量取得知识，只有这样才会成长。长大之后就开始取舍，有所取有所舍，有舍才有得。任何事情都有它的两面性，因此在做出选择的时候要问清楚自己想要什么。选择的时候，没有对错，但选择本身就是一种智慧。

第五章

工作效率是整理出来的

终止混乱，建立高效的文件系统

不管搜索多么方便，毕竟还是要经过“输入关键词”“搜索”“设定文件目标”等几个步骤，如果能更加方便地找到自己想要的文件，不是更好吗？因此我们需要学会如何设置文件夹，并且对文件夹进行再分类，那些传统的电脑内保存文件的方法依然很适用。

但是，在工作中你最好不要把文件分类过细。有人把文件夹设了一层又一层，层层分类管理细致，他们这样做反而有弊端。因为当他们想放文件的时候，一般会产生疑惑，如“这个文件是什么类型呢？应该放在哪一个文件夹好呢？”文件分得越细，自己的疑惑也就越多，这个时候有一些人就会把过多的时间花在纠结上。

在工作之中，我们只要对文件进行大致分类就可以了，能够把文件粗略放进去就够了。以下的做法可以给你提供参考。

- 设置一个名字为“工作”的文件夹，把所有和工作有关的文件都放进去。
- “工作”文件夹下按照不同的公司和领域再设置一个“大分类文件夹”。
- “大分类文件夹”下再按照不同的项目进一步设置“小分类文件夹”。

你只需要把文件夹分为这三个层次，你电脑里的所有文件就会被有效地管理起来。

一般来说，我们正要处理的文件数量并不是很多，只需要把按项目分的文件夹名称起得详细一点，然后按照时间顺序或名称顺序排列，想要的文件很快就可以找到了。

如果你想找过去的文件，那只需要用搜索功能，找起来很方便。文件夹只需要大致分类就行了，但是为了方便搜索，文件名称要详细一些。最好制定一些规则，所有的文件都按照这个规则执行，这样方便管理。

在整理文件的时候，也有一些小诀窍，如果你想快速知道哪一些文件是最新的，最好还是在文件名称中加上日期以及项目名称等关键词。有一些人把名称起得很短，看上去很简洁，但是找起来就费力了，为了减少这些没有必要的麻烦，还是把关键词放在文件名称上吧。

有时候，客户会发给你一些文件，这个时候最好把他们所发的文件重新命名，把时间和关键词都放进去，以后需要的时候就很容易搜索到了。

在车间里工作的业绩可以通过产品的好坏来判断，但是白领们的工作业绩一般是通过效率来衡量的。一个人端坐在电脑前，看上去工作十分认真，但也许他的电脑桌面很乱，他正在浪费大量时间找文件。因此，我们不仅要充分利用好 IT 设备，还要对其熟练操作，整理好自己的工作文件，这样工作效率才能有所提高。

及时整理资料，有效利用信息

在工作中，不管如何提倡“无纸化办公”和使用电脑传输文件，我们还是免不了要使用一些纸质的文件，如企划书和提案书、参考资料、账单、合同等，这些纸质文件有其一定的优势，但同样也有它的缺点，即难以整理、管理混乱，这样就会导致我们工作的效率降低，所以说，怎样科学地整理纸质文件是一项很重要的技能。

首先准备好几样小工具：托盘、透明文件夹、口袋式透明文件夹、小文件柜、大纸盒。有了这些工具之后，再分三个步骤整理。

1. 文件分为“正在办理状态”和“保存状态”

正在办理状态是说与现在手头工作有关或看过之后决定保留的文件。

保存状态是说已经办理好，但是仍然需要保存的文件，如合同、发票等。

也就是说，正在办理的文件，等到处理完毕之后，要么变成第二种状态，也就是保存起来，要么应该及时丢掉。整理文件最基本的步骤就是把文件分为以上两类。

正在办理的文件因为使用频率很高，应该摆在离手边近一点的地方，以方便随时拿到。文件在用完之后应该及时存放，存放的时候也应该用透明文件夹，这样就可以对文件一目了然。

而对于那些已经办好的、需要保存起来的文件，因为不经常使用，我们应该放进书橱里保存。如果放进大文件夹保存的话，应该在文件夹侧面贴上标签，标上内容，做到一目了然。

在工作的时候，我们也可以用两层的小托盘和透明文件夹来存放文件。

每一次在收到一份新文件的时候，我们可以把它放在小托盘上，能办理的就尽快办完，办完就处理掉，没有办完的就保存起来。

对于正在整理的文件，最好的整理工具就是透明文件夹。使用透明文件夹，不需要把文件装订起来，必要的时候可以在桌子上摊开，不需要则随时可以丢掉，如果需要加上新的纸页也很方便。

2. 重要的文件用大文件夹保管

整理那些已经办好且需要保存的文件最有用的工具就是大文件夹。大文件夹一般都有固定的页数，也有插孔型可以调整页数。

我们最好在大文件夹的侧面加上标签，如“登记册”“合同”等分类注明。给大文件加上标签是一件很重要的事情，可以按照内容、时间的顺序选择一种合适的方法。

3. 暂时需要保管的东西

办理完的文件、没有必要放进大文件夹里的文件都应该及时丢弃。对于那些不知道以后是否还有用、先保管起来再说的文件，你可以用书柜来保存。

通常情况下，放进书柜的文件基本是不会再次翻看的，只是以防万一，先保存起来。这些文件可以在年底大扫除的时候一起丢弃。一般来说，文件的保存期是一年，一年用到一次的资料到了第二年仍然没有用到的话，那就丢掉吧。

让办公桌成为舒适的工作场所

有时候，你会看到自己的文件、书籍以及没有开封的邮件在办公桌上堆得像一座小山一样，签字笔等文具到处都是，抽屉里的东西也很乱，因为平时不管什么东西你都随手往里面一塞。一旦有一天想要找一份文件的时候，你就会费很多时间，这个时候你可能把办公桌翻个底朝天。为了抽出一大堆文件中的一份文件，甚至会把堆成堆的文件搞得像雪崩一样倒在旁边的办公桌上，这个时候其他同事也没有办法工作。

那些办公桌上乱七八糟、花费很多时间在上面找东西的人不会有很高的工作效率。可以说，我们的办公桌和抽屉里的秩序直接反映了我们大脑的状态。

所谓的整理，也就是达到“你想要的东西伸手就能拿到并方便使用”的最佳状态，比起怎么放置和怎么方便使用更加重要。一个人如果能维持好整理过的环境，才算是“站在工作的起跑线上”。

我们来看看怎样整理办公桌，让工作更高效。

1. 不要总是花时间去记东西放在哪里了

有一些人的书橱摆放整齐，但是他在找一份文件的时候，却弄不清楚文件放在什么地方了，想要的时候无法得到，这样的整理是没有效果的。也有一些人说：“别看我的桌子乱七八糟的，但是东西放在什么位置上，我都记得，所以我并不需要整理。”但是，你作为团队中的一员，很多东西都要和团队共享。你不在的时候，有人想要在你那里找一些东西就会很困难。

就算你没有在一个团队之中，而是单枪匹马作战，你认为东西自己找得到，乱一点也没什么，但是从工作效率上来说，你也应该进行整理。因为用自己的脑子去记“东西放在哪里了”实在很浪费。人的脑力是有限的，如果你正在努力工作，却不得不停下来找东西的话，也会影响你的注意力。

在漫长的工作中，长时间积累下来所要记得的东西是一个庞大的数字，这个时候你也不可能全部记得。所以，我们记东西应该越简单越好，太复杂的话有可能把自己搞糊涂。

2. 学会扔东西

在你的身边可能有很多纸质信息，如果不进行整理的话，资料就会越来越多，就算你用文件夹或文件箱保管，也会慢慢装不下。而且会有很多信息夹杂在其中，你想要的东西就有可能长时间找不到。

因此，为了让那些重要的信息不被埋没，我们应该学会丢东西，这很重要，只有这样，那些重要的信息才会被我们快速找到。

3. 用过东西之后归还原位

在整理步骤之中，还原是很重要的环节。东西放得到处都是，想用的时候怎么都找不到，归根结底是因为我们没有把它放在应该放的位置。

很多孩子在幼儿园的时候就接受了“用过的东西要归还原位”这一教育，但为什么成年人却很难做到呢？其实这有一个重要原因，那就是没有规则或者忘了应该把东西还原在哪里。如果规定好物品应该摆放的位置，并做到“用后就还原”这一规则，我们的工作效率就会得到提升。

4. 尽量不要打印纸质文件

对于电脑上的信息我们要进行一元化管理，尽量不打印纸质文件，这也是整理的方法之一。把信息放在电脑里，只要给文件取好名字，随时在电脑中就可以找得到，既不用专门整理，还能做到减少纸张的浪费。

关于电脑与电子邮件的整理

电脑桌面就像办公桌一样，如果搞得乱七八糟就会影响你的工作。有一些人的电脑桌面上放满了各种各样的图标，一点空隙都没有，在这种情况下想要找到一些文件很难。

因此，一个人的电脑桌面所放的文件夹最多不要超过 10 个，而且要分“大分类”型的文件夹，用快捷方式进行保存，总之最好是鼠标点击不超过三下就能找到文件。

一般情况下，我们可以按照以下规则保管文件。

- 正在处理中的文件，要按照不同项目设文件夹，放在电脑桌面上。如果文件每一次都能用快捷方式打开的话，就有利于提高你的工作效率。

- 文件处理完之后，就保存到已经分类的文件夹里。
- 设一个名字为“其他”的文件夹，把那些不容易分类的文件保存进去，以后再去研究到底应该怎么分类。

以上就是管理电脑中文件夹的办法，当然，管理电脑的方法也是因人而异的，有一些人管理电脑的出发点是分类和搜索，尽量不花费时间或不需要记忆，但在生活中，人与人不同，每一个人都能够找到自己的方法。

虽然现在电脑的安全性越来越好，但是依然存在突然发生故障的风险。有一些人会对电脑中的信息进行一元化管理，这样一旦电脑坏掉，信息就有可能丢失，那损失的代价也太大了。为了避免这样的事情发生，重要的资料应该做备份。

在生活中，我们每一个人都有备份的意识，但是一般想起来备份的时候已经晚了，这时候的电脑已经出现故障了。

因此，我们应该选定日期，定期给电脑做备份。其实，外置的大容量硬盘价格比较便宜，大家可以专门买来给文件做备份。

备份其实也是一件很简单的事情，就是把工作中用到的所有文件全部收入另一个文件夹内，这只需要复制一下。

邮箱软件里面的邮件、日程表以及 TO DO 列表，都能用这样的办法备份。比如，如果在 TO DO 列表上设定“每月第一天进行一月一次的备份”，那么到了时间电脑就会主动提醒你进行备份。

有一些人经常用 OUTLOOK 的 TO DO 列表管理所有的工作文件，他们会有一个习惯，就是把每周的工作文件全部打印出来。这样，就算电脑和备份都出现问题，还有纸质文件可以看。

定时将你的头脑清空

有很多商务人士使用电脑或笔记本来管理自己的工作或行程。但是他们并不会把很小的事情记录进去。实际上，这些小事是十分常见的，如果我们不把这些东西记在什么地方的话，到时候我们只能靠自己的大脑来保存信息。

当这些信息长时间保留在大脑中的某一个角落，我们有可能在工作的时候突然想起来：“啊，我还有那件事没有做呢。”这样就会打断我们在工作之中的思考，自己的精神很难集中，影响到工作的正常开展。

如果我们可以整理自己大脑中的信息，把那些烦琐的信息从大脑中一扫而空，就不会整天为这些琐事烦心了，工作效率也能得到提高。

如果不确定事项太多，我们的大脑很容易出现错乱。比如，当我们第一次想起来“信用卡要扣年费，该去银行存钱了”的时候，实际上一般是距离要存钱的最后期限还有相当长的时间。

这个时候，如果你不把这件事记在电脑或笔记本上，之后你会经常回忆说：“啊，要存钱了，在几号来着？”如果这件事情你记录了下来，就可以不用经常想起来。正是因为没有做任何记录才导致我们在工作之中突然想起来，并且担心自己会忘记这件事情。

人的大脑如果只是记住一两件事情的话还好，要是上升到一二十件事情就很麻烦了。脑神经外科专家筑山节先生在他的书中，给那些容易忘记事情的人一些建议。

要尝试去创造一种能够让自己专注于琐碎工作的环境，想要创造这种环境首先要整理好自己身边的事物。只要养成这种习惯，在工作的时候发生头脑混乱的情况就会大量减少。具体来说，可以从准备一些文件夹或者文件盒对文件进行分类做起。

尽管这只是对如何整理身边琐事的建议，它同样适用于很多方面，如对大脑信息的处理。

要想让自己的大脑专注于眼前的事情，就必须清除大脑之中一切琐碎的事，让大脑处于一种空荡荡的状态。所谓空荡荡的状态，就是说“大脑之中没有那些必须记住的事情”。而想要达到这样的状态，就必须对大脑进行整理。

那么我们怎么把自己的大脑清空呢？

首先，把必须做的事情和需要记住的事情写在TO DO列表上。所谓TO DO列表，就是对任务的记录。这是电子邮件处理软件多附带的功能，它也可以在互联网上提供在线服务。我们把任务写在上面，通过对其确认来管理任务的进度。

其次，争取把工作委托给他人。当我们扫视TO DO列表的时候，除了关注工作的轻重缓急之外，还能从这件事该不该自己做的角度上进行考虑。其实仔细想想，有一些事情并不需要自己亲力亲为。对于那些没有必要自己做的事情，我们可以尝试着把它们委托给他人。

最后，用检查目录进行整理会更加高效。把工作委托给他人，实际上就是公司的组织方式。上层的管理人员信任自己的下属，把工作委托给他们，并且建立起一定的规则和秩序。正是因为有着规则和秩序，公司才得以发展。这里最关键的一点是建立一种规则，创造一种不用开口也能让下属迅速完成工作的规则，这对管理者是很重要的。

不要太依赖你的记忆力，把你要做的事情写下来

在工作之中，事情没有大小，尽量把事情都记录在 TO DO 列表上。这个时候也要注意：只要有可能遗忘的任务都要输入列表中。从进行项目规划、制作议案、会见客人之类的重要工作，到存款记账、发邮件、上网查资料等这类简单的工作，再到个人琐事，应该全部写进去。

之后我们要看一下列表，从那些紧急的事情开始处理。因为我们的大脑没有任何必须记住的事情，所以我们可以专注于眼前的工作。

TO DO 列表有什么效果呢？

- 大脑没有大量需要记住的事情，这个时候你的大脑就会很清晰。
- 不需要花时间去回忆，这样你就可以有更多的时间去处理其他事情。
- 让你不再乱想，专注于眼前的工作。

因此，比起用笔记本之类的传统工具，TO DO 列表管理更方便。有很多人一般会在 TO DO 列表中输入每周、每月、每年的定期任务，如果不把这些写下来的话，就要花费很多精力在记忆上。

如果大家使用微软的邮件处理软件 OUTLOOK 来管理 TO DO 列表，就能够对 TO DO、日程表、邮件以及通讯录进行综合管理，使用起来很方便。

在使用 OUTLOOK 的时候，如果新追加一个工作任务，那么就能对其进行分类操作，在分类栏目中可以显示任务的执行状况。

在你的工作完成之后点击分类，任务就会从画面之中消失。实际上它已经作为“已完成的工作”被保存起来，以后也可以随时查看。

随着工作一件一件完成、一件一件从列表上消失，你一定会产生一丝丝成就感，这样的成就感也会成为你工作的动力。

定期在任务中设定“思考类”工作也是很有效的办法。日本曾经推广财务扫盲运动，几位大学研究生院的教授、公认会计师和财务规划师一起创立了金融学系协会，这个协会拥有“财务管理资格”的认证权。

这件事情源于好几年前，当时一位教授产生了一个想法：设立一个资格认证考试，以普及理财方面的知识与技能，使人们对财务更加了解。于是，这位教授就把“设立资格认证考试”这个任务写进 TO DO 列表，让它定期在电脑上显示出来。

他把这项工作加进“每月任务”之中，所以每当看到这项提示显示在列表中，这位教授就会思考一些与考试相关的问题，思考出来之后就写进去。就这样他的想法逐渐具体起来，等到条件成熟了，他也就梦想成真了。

刚开始，这位教授只不过有了一个很模糊的创意，当时只是把它输入定期显示的“工作任务”，督促自己不断去完善、推进创意。这样看来，创意的具体化和实现也离不开规则的设立。

因此，有一些事情并不一定要依赖于自己的记忆，只要把事情记下来就能完成。如果一直想着，就有可能影响自己的正常工作和生活。

给待办事项排出优先顺序

哲学家培根说：“时间和做事的关系，就像金钱和货物的关系一样；一件事做得太慢，费时太多，无异于买了一件太贵的东西。”成功和失败的界限在于怎么分配时间，还要不满足于现在的做事方法，应该多动脑子思考，寻找最佳途径。只有好的方法才能提高做事的效率。

我们会经常听到一些中层管理者抱怨工作繁重，每天有干不完的事情，一周有一半以上的时间在加班，没有时间去运动，身体处于亚健康状态；也有人说，现代社会变化太快，因为工作太忙就没有时间充电。其实大家不是缺少时间，而是没有有效利用时间。在做事情的时候，要记得不管遇到什么事情，任务有多重要，都要先厘清工作的顺序，从最重要的工作开始做。

超级富豪比尔·盖茨在接受央视专访的时候谈到，他在担任微软公司的总裁之后，就再也没有编写软件的时间了。就算是这样，他每周仍会抽出一些时间，到一个宁静的地方发呆。他说，面对那些压力巨大的工作和竞争激烈的计算机市场，他作为一个管理者，不能把自己的经历都浪费在那些小事上，他必须去思考一些更有意义的事情——具有战略意义的决策。

我们在处理事情的时候要分轻重缓急，人们可以用著名的四象限来划分自己的时间。

第一象限是紧急又重要的事情。紧急的事情就是需要立刻去做的事情，而重要的事情是指对公司影响很大的事情。在现实生活中有很多既紧急又重要的事情，如老板马上要的报告、客户投诉等。这样的事情不仅很紧急，也很重要，一旦遇到这样的事情需立刻去处理，不然会影响自己的正常生活和工作。无论在什么状况下，紧急又重要的事情都是首先要做的事情，因为这样的事情与你的工作或生活息息相关。只有这样的事情得到解决，人们才可以顺利继续其他工作。

第二象限是重要但是不紧急的事情。这样的事情并不急着去做，但是必须要做，因为它关系到公司的长远发展。重要的事情一般会有比较充足的时间，在一定时间内完成就行。我们不能因为它不是紧急要完成的，就把它放到一边，拖了又拖，迟早它会变成紧急又重要的事情。这些重要不紧急的事情在一定程度上反映了一个人对工作目标和人生的判断能力。

第三象限就是紧急不重要的事情。比如，你在上班，一位朋友突然来电找你聊天。你没有适当的理由推辞，就会和他聊一聊，这一聊就会花费很多时间。还有很多其他紧急但不重要的事情，这样的事情要归入优先之列，不然遇到突发状况，会把它当成紧急又重要的事情处理。现实生活中，很多人都是按照事情的紧急程度排序，忘记了衡量事情的重要程度。对于一个成功人士而言，他不会让那些看上去紧急的事情耽误自己重要的事情。

第四象限就是不紧急也不重要的事情。这样的事情可以做，也可以不做。在生活中，我们会遇到很多这样的事情，如去网吧打游戏等。如果把时间浪费在这些事情上，就是在浪费生命。

把每天做的事情按照四象限来划分，就会发现自己的生活更有条理了，也不会感到工作累了。只有善于划分工作的轻重缓急，才能摆脱不知道忙什么的状态，让工作和生活变得井井有条。这也是时间管理艺术的一部分。

开会也要设定规则，提高会议效率

会议和会见既可以算是“操作类”工作，也可以算是“思考类”工作。如果只是单纯地传达已经确认事项的会议，那就属于“操作类”工作；如果准备在会议上产生新的创意、决定开拓新的业务，那就属于“思考类”工作。

在工作之中，有一些人不喜欢开会，主要原因是觉得在同一时间把很多人聚集在一起开会是一种浪费。比如，把每小时工资是 500 元的 5 名员工聚在一起开会，每小时就要花费 2500 元。如果是三个小时的会议，一个人的工费就要花 1500 元。除此之外还有场地费等其他费用，因此开一次会的实际成本是 1 万元左右。

如果在会议上讨论的是价值 1 万元以上的内容还好，但是绝大多数会议用大量时间处理一些用邮件就可以处理或不必当场讨论的事情。

在工作之中，总有一些不得不参加的会议或会见，这时候你可以利用检查目录来让会议高效化，从而节约时间。其实绝大多数的会议讲话是差不多的，因此只要把它们放在检查目录之中就行了。

会议的全体出席人员都应该在会议开始之前就看一遍检查目录，搞清楚会议的议题并整理好自己的发言后再参加会议。这样，大家都明确了自己的职责和会议的议题，会议就能高效进行。

下面我们来看看日本金融学系协会中常用的员工会议议题检查目录。

- **确定今后的方向**
- **提高销量的战略**

预测销量

销售是否达到预期目标

如何提高销量

广告策略

- **削减成本的战略**

是否存在可以提高收益率的商品

是否存在高收益率的服务

培养提高毛利的意识

是否有不必要的成本支出

有哪些工作可以外包

人工费是否合适

- **扩大受众、增加客户的战略**
- **品牌战略**

怎样提高品牌的价值

怎样加深品牌印象

能否提高服务和商品的质量

- **员工情况**

员工工作的积极性

员工的工作负担

员工的身体状况

是否有人员流动

公司的管理体系是否健全

- **录用战略**

员工的任用

是否需要策划人员

是否需要营业员

是否需要客户接待员

是否需要其他员工

是否接受短期打工者

怎样培养人才最高效

- **安全事务**

是否妥善地保管了客户的个人信息

是否存在没有征得客户同意就发送广告的情况

服务器的安全情况

服务器速度是否偏慢

一般来说，在开会的时候，绝大多数情况下都会有专人负责会议记录。要注意，所谓的会议记录并不是把会议的内容都记录下来，只需记录决定事项和重要事项。

经常会有这种情况，就是明明在会议上确定了每一个人相对应的工作职责，但是之后都没有得到很好的落实。这样会议就白开了。因此，有一些公司在开会的时候，会议记录和会议是同步进行的，会议结束的时候，记录员就会把每一个人承担的任务都记录下来。这些任务会通过邮件发送到参会者手中，并要求参会者必须按照上面的要求完成任务。只有做到这一步，才算对会议进行了程序化的管理，提高了工作效率。

做好出差前的准备，轻装上路

在工作中，很多人都会出差。出差前要做好两方面准备：一方面，要确定出差期间自己要完成哪些工作；另一方面，安顿好家里。

1. 工作上的准备

出差前把自己的办公桌整理好是必须的，这能方便别人从你的办公桌上找到东西。在出差期间，你也要和同事随时保持联系，以方便同事在你出差期间帮你处理工作。如果你的办公桌上有保密资料，那就提前把它们锁进抽屉里。像体检报告这样的私人文件，最好还是带回家存放。

在整理工作的时候，有一个重要的原则是化整为零。只有把那些大任务分成一个一个具体的小任务，一个一个攻克，才能完成最终任务，获得成功。比如，你出差前首先要把自己每天的例行工作列一个表，看哪一些是能等你出差回来之后做的，把它们标为 A 类；哪一些是你不在的时候要交给助理或同事完成的，把它们归为 B 类。对 B 类工作要做好交接，不要等到临走的时候才托付给别人。如果对方从来没有干过你的工作，你还要给他做一些培训。

接下来，你要把重点放在手头正在进行的项目上。把所有项目都列出来，在每一个项目旁边标出截止日期，接下来再看看是否有合适的人选代你处理工作，还是你必须在出发之前加班把工作完成，或能不能带到飞机上或酒店里处理。之后，针对出差期间必须自己完成的项目，你要把所需要的资料都写在纸上，并且一一准备妥当，出差的时候带在身边。

如果出差期间需要处理的项目有许多个，那就要做好分类。比如，你目前负责五个项目，其中三个出差期间不需要你操心，但是另外两个有很多具体的问题要你在离开前或出差途中处理，那么在整理行李的时候，你就要把两个项目的资料分别进行准备，最后用两个大信封或文件夹分开装。有条理地规划好工作的每一步有利于你在截止日期前从容地完成工作。

2. 生活上的准备

如果你有孩子，那么在出差之前，你更需要把家里打点好。家里和办公室一样，就算你不在也要正常运转。你不在的时候，其他负责打理这个家的亲人或保姆要清楚重要物品放在什么位置。平时也要多储备一些粮食或日用品，以备不时之需。

如果出差很急，下面的事情就是你必须做的。

将房间内所有不要的东西都扔进垃圾袋。

接下来，把出差前要完成的事情列一个清单，如你需要储备的食物、果汁或多余的尿布等，之后就带上这份清单去购置吧。记得买东西的时候直奔主题，因为没有多余的时间让你随便逛。

如果你家里有宠物，你要把宠物经常吃的食物、经常去的医院的联系方式和最近的动物救护中心的电话和住址写下来。之后，再去查看一下信用卡账单到期没有，水费、电费、煤气费都交了没有。

充分利用外出开会的机会

在大型商务会议和销售年会上，你会接触到很多行业的人，其中肯定会有不少精英和成功人士，此时就是你学习的好机会，你可以借着这个机会了解其他公司的管理制度和运作方法，做到取长补短、为我所用。

那么，怎样在会议期间认识更多的人，并且和他们建立起友好的关系呢？

1. 在公共场合不害羞

如果你是一个容易害羞的人，那就找机会多锻炼一下。比如，排队的时候主动和陌生人打招呼，向别人介绍自己；买水果的时候主动和水果摊的老板搭话；接孩子的时候多和其他家长聊天等。时间长了，你就会养成习惯，联系多了也会发现陌生人其实并没有那么可怕——热情的人会友好地回应你，冷漠的人最多是不搭理你，你不用太在意对方的态度。

2. 注重第一印象，仪表很重要

你的套装款式能跟得上潮流吗？曾经有一位好莱坞设计师说："购置少量经典款服饰作为基本行头，以后每年关注一下流行趋势，如今年流行动物花纹，那么买一双物美价廉的鞋子，再配一条动物花纹的围巾，这种搭配的结果能让你没花多少钱就看上去很时尚。"

3. 互相倾听

倾听是一门艺术，可惜很少有人懂。善于倾听会让你脱颖而出，与众不同。当用心和别人交流的时候，你会发现一些小细节，这样你才会知道从哪一个角度和对方交流能取得更好的效果。而且，当别人发现你在仔细倾听他讲话的时候，会产生一种被尊重的感觉。总之，善于倾听可以为自己赢得更多的机会。

4. 写一封感谢信

会议结束，回到公司后记得写封感谢信给会议上新认识的朋友，感谢他们让你受益匪浅。我们都知道电子邮件比手写邮件更方便，但是电子邮件没有亲笔信显得真诚。即使感谢信的语言平淡，收到信的人也能感受到你的诚意，你在他心中的地位会马上上升。

5. 保存通信方式

在整理行李的时候，把收集到的联系方式及时录入电脑通讯录，保存在容易看到的位置。这个工作一定要做，不然一切努力都付诸东流。

6. 思考自己的现状

好好利用这个机会，用全新的眼光审视自己现在的生活和工作。一般情况下，你会更懂得欣赏自己好的地方，主动改正自己不好的地方。因此，不要再把会议当成负担，把它当成一次可以提升自己的旅行吧。

远离过劳，做好规划，轻松度假

如果想要一个轻松的假期，你首先需要做的是提前规划好行程。提到规划假期，有一些人就要皱眉头了，因为这意味着你安排好的工作里面又多了一件事情。但是你可以换一个角度来看，想想度假的快乐，你就会觉得规划假期也不是一件那么难以接受的事情。

拿出笔记本吧，你需要知道一些问题的答案。

首先，这次度假的目的是什么？

其次，旅行是为了尽家庭义务还是为了玩乐？如果是前者，可以为这一次的旅行带来什么乐趣呢？比如，你需要拜访自己的姑姑，但是你觉得和她没有什么共同点，因此你宁愿待在旅馆里。那不妨上网搜一下当地的景点，利用某个下午去当地的博物馆、历史悠久的小店、美丽的公园转转。

再次，如果想去的地方是一个没有去过的地方，你是否需要上网搜索一下相关的旅游攻略？

最后，你要去的地方需要提前订飞机票或火车票吗？

以上都是你要为这次旅行做规划的时候需要考虑的问题。每一个肯定的回答就意味着你的“旅游待办事项”中多了一项工作。比如，你打算开车去看望千里之外的父母，那就要考虑一下要不要把自己的车送到4S店去检修一下，以免路途中出现故障。如果需要，就把这件事情列到“待办事项”中，并早点行动。万一有什么问题，车停留在店里的时间可能会比你想象中要长。未雨绸缪是一个高效人士必须具备的特质。高效人士还有一个必备的特质是当出现紧急情况的时候，能够临危不乱、冷静处理。

当你写好“待办事项”以后，再去整理自己的清单。第一步是“清除”，看看哪些事情可以从清单上去掉。比如，当规划旅游行程的时候，你会发现有一些景点必须被取消以节省时间，那就把关于这些景点的旅游手册扔掉吧。下一次如果要去，你可以在网上查到最新消息。

如果你度假的时候不得不把手机带在身边，千万不要忽略了同行伙伴的感受。有一位女士带着女儿一起去度假，当她们逛商场的时候，突然接到了公司的电话，她的女儿就大声对她说：“妈妈，这是在度假！”既然自己已经出了办公室，那就事先把相关工作都安排好，告诉你的同事，让他们没有紧急的事情不要打扰你。

在出发前，你最好制定一份“代办事务表”，这样你就可以安心地度假了。很多人在旅游的时候，家务会被放到最后，现在不如试试在自己离开以前就把家务安排好。度假回来，看到家里整齐干净，心情也会很好。

第六章

认真专注，最大限度发挥自身潜力

专注自己的工作

作家刘震云提到，在他很小的时候，有一个在乡下赶马车的舅舅。虽然这个舅舅不认识字，但是说话很有水平。他说："要不你聪明，要不你是个傻子，你的生活都会很幸福。如果你不聪明也不傻，是在两者中间不上不下的人，那你在这个世界上会很难混。不聪明也不傻的人，一辈子去做一件事情，千万不要去做第二件事情……"

这句话很有道理。聪明人的脑袋很灵活，不管做什么事情都能抢占先机，占据上风，自然混得不差。傻人实在执着，不被外物所奴役，认定一件事情，紧走慢赶，也会有所收获。平常人两者都算不上，自然很难混下去。那些高效人士推崇把小事做到极致，他们觉得只要专注地做事情，把事情做到极致，小事也很有意义。

那么，我们在生活中怎么保持专注呢？

1. 一次只做一件事

俗话说："追二兔者一无所得。"在生活中，很多人的做法却与此截然相反。生活中有的人一次追几十只兔子的同时还想追两只大象。如果能够集中精力做事，其实我们可以完成更多任务，更快实现目标。

同时做几件事情会浪费宝贵的时间。当从一个任务转到另一个任务的时候，我们的大脑需要时间来调整，进而专注于第二个任务。这样一转换其实就是把我们宝贵的时间浪费了。

2. 排除其他信息的干扰

在开始工作之前，我们最好先把电子邮件、微博等关闭，这样可以避免被它们干扰。在自己掌握、熟悉并且准备好使用的情况下，再去打开。提醒功能对于大多数人来说并不是好事，毕竟我们很难无视问题的存在。

3. 保持清醒的头脑

最让我们分心的事情并不是你认为的QQ、微信之类的，而是我们在思考如何完成任务的时候，还有一个干扰你思考的“小人”在捣乱。这个厚颜无耻的“小人”经常会让你无法集中精神，有时候还会在你耳边唠叨：“快点，快点！还有很多其他事情呢。”

这个时候，你不要听他乱说，稳定自己的思绪，重新回到自己考虑的问题上去。冥想是一个很有效的、让自己冷静的方法。它能帮助我们从喋喋不休的聊天中平静下来，进而有助于集中注意力。

4. 彻底大扫除

这也是一个避免分心的方法。如果你的桌子和头脑都整洁干净，你分心的可能性就会很小。那些高效人士每周都是从整理自己的办公桌开始的。上周如果有遗留的事情，那就立马处理，从而确保没有忘记的事情。如果你养成每周一次的总结习惯，就可以轻松、专注和有准备地来迎接新的一周。

5. 锻炼身体

很多人都知道锻炼身体可以增强体力。其实，锻炼身体还可以减轻压力。运动过程中所分泌的血清素可以改善情绪、提升幸福感。运动还有创造新的大脑神经元的作用，这些神经元有利于我们存储和处理信息。

6. 明确目标

明确目标可以让我们集中注意力而不偏离方向。当我们缺乏激情的时候，激励我们坚持下去。比如，同样都是打扫房间，不同的人会有不同的目的。有些人想用这样的方法减压、变得冷静，而另一些人可能只是为了让房子更好卖掉。因此，明确目标对于保持激情、克服半途而废的坏毛病来说很重要。

7. 化繁为简

你的生活和工作越简单，完成的工作也就越多。但这并不是说完成工作就好了，我们应该先挑选那些重要的、有决定性的工作去做。在工作之中，我们大部分人大都忙着无关紧要的事情，把时间浪费在对自己和工作没有任何价值的事情上。因此，如果我们摆脱那些无关紧要的事情，多出来的时间便可以花在更重要的事情上，这样我们会更专注。

简单的事情重复做，你就是赢家

不少人都有过这样的经历：刚进入一个行业，获得一份新工作的时候，很有干劲，充满信心，做什么事情都很认真，也很专注，但随着时间的流逝，新鲜感消退，也就开始漫不经心了。于是，有野心的人频繁跳槽，胸无大志的人可能混混日子。专注，在就业选择越来越多的今天，显得很难得。

人的一生，如果使用1%的力气选择，99%的力气用心重复，每一次都能感受到新鲜的力量；如果用99%的力气选择，1%的力气重复，那么他只能不断地重复失败。

那些能高效完成工作的人都是专注的人，简单的事情重复做，你就是专家；重复的事情用心做，你就是赢家。

成功就是重复做简单的事情。比如，特级教师也曾经是普通教师中的一员，他们之所以能够成为特级教师，就在于他们能够把平常人眼中的一些简单的事情，如备课、上课、改作业等认真做好，并且他们在那些看起来很简单、重复的工作之中不断探索、总结自己教育教学的规律，积累教学的新思路、新方法，这才获得了个人成长的质的飞跃，最终成为名师名家。

在生活中，只要我们肯用心，就会发现，即便是“简单”的事情，也不是应付就能了事的。这些看似简单的背后有着巨大的学问，在看似重复的背后孕育着大智慧，这些都是自我成长所需要的积累。

在工作之中，只要我们肯用心、肯上心，时刻都能用自己那一双善于发现的眼睛去审视我们的每一项工作，你会发现简单的工作和生活不枯燥，在平淡之中透着一份惊喜、一份幸福、一份期待。如果每一天我们都能以积极向上的心态来对待自己的工作，让自己能够领略到工作所透露的活力和韵味，就会逐渐收获属于自己的那份成功。

休息时完全放松，做事时高度集中

保持良好的注意力，是大脑进行感知、记忆、思维等认知活动的基本条件。工作时，注意力是打开我们心灵的窗户。注意力越集中，我们的工作效率就越高。一旦注意力无法集中，心灵的门户就关闭了，一切有用的知识信息停止输入。正是因为这样，法国生物学家乔治·居维叶说：“天才，首先就是注意力。”在这种情况下，注意力让我们的心灵活动朝向某一事物，有的时候没有办法把全部注意力集中到这一事物上来，同时无法抑制无关事物的诱惑。造成这种情况的原因比较复杂，许多严重的心理障碍也就是这样产生的。

那么，我们应该怎么集中自己的注意力呢?

1. 如果你对自己即将去做的工作缺少兴趣，那么你可以设立“期限效果”

一般人做事，刚开始的时候和快结束的时候效率高，在两者之间则会出现效率低落、缺乏注意力的现象，心理学上称为“中间松懈”。如果你想要维持自己的注意力可以像马拉松选手一样，设立中间站，更能发挥全力。设定中间站的时间不能太长也不能太短，否则会带来相反的效果。

2. 利用奖惩机制

把繁重的工作分成几段，完成每一段都设置报酬，这对增进注意力很有帮助。有时候，惩罚也能有好的效果。比如，先假设一个强劲的对手，之后你为了打败这个对手会不断鼓励自己。有一些人在工作之中经常会碰上莫名其妙的烦恼，想一些无聊的问题，以至于自己无法专心用功。想要改善这种情况，可以把工作中最优秀的人作为对手。

在工作之中，我们需要集中自己的精神好好工作，但是总会有累的时候，我们应该怎样放松自己呢?怎样才能彻底放松自己的身心呢?

可以写字或画画。这些事情需要认真去做，需要全身心地投入，否则是没有办法进行的。

可以和自己的爱人一起看电影。有爱人陪伴的时刻都是温馨的，在彼此的甜言蜜语间，很多烦恼就会烟消云散。

登山。登山是一项亲近大自然的运动。它不仅可以锻炼自己的身体，而且能让你在累的过程之中把所有的烦心事都放下，从而起到放松的作用和效果。

当你做一件事情不开心的时候，就要学会转移注意力。做一点自己喜欢的事情，可以去公园散步，看看大自然，尤其是那些绿色的花草树木。

和自己的小伙伴一起去钓鱼。当你钓到鱼的那一瞬间，看到自己的战利品，嘴角就会不自觉地上扬。

一个人躺在床上安静地听柔和的音乐，直到自己安心地入眠。听音乐也会让你随着音乐而安静，烦恼就不再纠缠自己。

可以回忆以前开心的事情，把那些记忆写成一本日记。那些曾经岁月的记忆会让每一个人的心里都充满正能量，而且会让自己沉浸在那段美好的时光里，也就忘记所有的烦恼了。

一个拥有自制力的人，才能高效工作

利用最佳状态去办最难和最重要的工作，这会让你的工作效率在无形之中得到提高。生物学家的研究表明，人和其他生物的生理活动都有明显的时间规律，人的智力、体力和情感都显现出一种周期性的变化。

一个善于管理时间的人，应该是能够找出自己在一天之中，什么时间工作效率最好，并且能够充分利用这段时间处理最重要和最复杂的工作，而在精力稍差的时候例行公事。只要我们坚持下去，就能很快在同事之中脱颖而出。

工作效率最高的人是那些对无足轻重的事情无动于衷，却对那些很重要的事情看重的人。一个人如果过于努力想把所有的事情做好，他就不会把最重要的事情做好。因此，这个时候要自己管理好自己，不去想其他事情，由此可以看出，一个人的自制力很重要。

那么，我们在工作之中应该怎么提高自制力呢？

1. 思想境界

这是一个非常模糊的答案，但是它能从根本上解决我们的问题。只有我们的思想境界提高了，一些诱惑在我们面前才能不堪一击，这是一种心境。我们可以通过学习，多读名著，与先贤对话，来提高自己的思想境界。

2. 针对训练

我们的自制力会在面对某一种具体情况或者事物的时候瞬间瓦解，这就是我们自制力比较弱的方面。针对它，我们要有计划地进行模拟训练，让自己在事先准备好的情况下去克服它。通过多次训练，让自己在再一次面对它的时候，能习惯性地做出正确的决定。

3. 自我暗示

经常告诉自己“我能行”。通过这种暗示，能让自己有信心去挑战困难，从而战胜困难。

4. 破釜沉舟

如果觉得控制不住自己，你可以断掉自己的后路，虽然这样做很武断，但是会很有效。

5. 明确的答案

当你面对诱惑的时候，有时会产生不当的思考方式，这时候你一般会败下阵来。你要告诉自己“不可以”，给自己明确的答案，迅速地打消自己的邪念，更容易获得成功。

6. 三思而后行

当你遇到诱惑的时候，经常会脑袋一热注意力就不集中了，或者是去做别的事情了。其实，只要你能安静下来，思考一下后果，你的自制力就会产生。想一想什么是自己真正想要的，这样我们做决定的时候就简单很多了。

7. 良师益友

如果你觉得一个人承担所有的工作压力太大，或者是一个人很难办到，你可以找同事帮忙。

在工作之中，我们要随时保持自制，不去想那些和工作没有关系的事情。这样我们才不会浪费时间，才能让自己在工作之中成为一个高效能人士。

在工作之中要懂得拒绝

在工作之中，我们都想和别人维持一种良好的人际关系，人际交往是一种智慧，更需要一些小技巧。比如，要学会不伤害别人的拒绝办法。

在工作之中经常会出现这样一种情况，有一些人因为不想破坏人际关系而顾虑重重，最终没有拒绝别人的请求，勉强答应了。尽管体谅对方很重要，但如果只是一味忍让，这样的关系迟早会破裂。短时间内维持这样的关系也许还可以，但是想要长时间维持好同事关系，那就要学会说“不”，这是很必要的。

也许有人觉得说“不”会影响彼此的关系，其实如果你用高明的回绝方式是不会伤害对方的。要想在工作之中保持良好的人际关系，学会一种既重视他人又重视自己的沟通方式很重要。在工作之中，良好的同事关系也有利于自己高效地完成工作。工作讲究团队合作，只有维持好同事关系，才能保证自己和他人有好的合作，一个有默契的团队才能高效地完成团队的工作。

在工作之中，同样是拒绝的话，因为每一个人的表达方式不同，给人的印象就会大相径庭。那些习惯勉强答应别人请求的人，在下决心拒绝的时候一般会采取极端的方式，这样的例子在生活中很多，所以我们应该注意。

把难以说出口的事情坦然地传达给对方，并且获得他的理解，这是最好的状况。你可以记住几个用于拒绝的惯用句子，这些句式有以下几种。

1. 遗憾型

在工作之中有人请你帮忙的时候，你想拒绝可以说“有负您的期望，我很遗憾”。当然并不一定非得这样表达，你还可以使用能表达这一感情的词汇。比如，“难得您开口要我帮忙，但是我实在不能答应您，真的很抱歉”“真的太遗憾了，我那个时候刚好有事”“我其实也很想做您说的那项工作，可是我在月末工作很忙”等诸如此类的拒绝话语。

2. 过失型

当别人要求你帮助的时候，你可以说“如果我勉强接受反而会给您带来不便”“关于某某那件事情，如果我接受的话，我估计会给您带来麻烦，所以我不能接受”“我能力有限，反而会拖您的后腿，所以抱歉”“我会尽全力帮助您，可是最近工作繁忙，如果我勉强答应您的话，那么品质方面肯定会大打折扣，我会感到过意不去的”等，还有很多这样的拒绝话语。

3. 拒绝后给出替换方案

当别人让你帮忙的时候，你可以说“这周不行，下周的话我倒是可以帮忙”“很遗憾，我真的没有办法出席，某某可以代替我去吗”等，诸如此类的说法。

在工作之中，如果你没有“拒绝”的本领，就有可能会被繁重的要求和任务压得喘不过气来，然后你会太劳累，而且总不能按时完成公司交给你的事情，这样一来公司就不会给你重要的工作了，更重要的是，你的报酬也可能降低。

既然在工作，就一定要敬业

俗话说：“干一行，爱一行。”只有爱自己的事业，才会专注、专业、专心。我们每天大部分时间都在忙于工作，从某种意义上来说，工作是我们生命中重要的组成部分，如果我们能用对待生命的态度来对待工作，我们可以发现工作和生命一样多姿多彩。

对于那些高效能人士来说，工作在他们心里的位置非常重要，他们知道自己要做什么。对待工作，你唯一能做的选择就是努力。我们必须知道想要成就什么，才能为之努力奋斗，每一个成功的道路上都需要付出心血与汗水。我们一定要知道自己的追求，我们要坚持什么。在现代社会中，聪明人总能掌握机遇。无论在哪一个岗位上都要提高自己的业务水平与能力，因为那是我们的责任。

军事家拿破仑说：“最重要的事情是要懂得怎么把一件事情办好，

只有把你自己的事做得十全十美，你才能在和别人的较量之中稳占上风。”对于那些工作漫不经心的员工来说，他们一般都缺少把事情做好的恒心和毅力。这些人一般不知道怎么训练自己的个性，也达不到自己的目标。

在生活中，虽然我们都想做自己喜欢做的工作，但并不是每一个人都能遇到自己喜欢的工作。就算你学了自己喜欢的专业，毕业后进入自己期望的公司，也不一定能保证分配到自己喜欢的职位。所以，大多数人只能从做自己不喜欢的工作开始。

如果面对自己不喜欢的工作总是漫不经心，总觉得这是自己不得不去做的事情，长此以往，本来潜力无限、前程似锦的人生只会被你白白浪费。

作为一个高效能人士，要懂得与其不断寻找自己喜欢的工作，不如学会保持对工作的兴趣。把每一个任务都看作一次难得的机会，把工作的成果看成自己的作品，要彻底抛弃“工作是别人要我做的”这种思想，这样不仅能把自己从工作的“苦难”中解救出来，也能让自己有一个很大的提升。

爱岗敬业是作为公民道德和职业道德的基本规范要求，说起来容易做起来难。在生活中有很多人都是“干一行，厌一行”，做什么事情都从自己的兴趣出发，见异思迁，不但自己的聪明才智得不到发挥，甚至给工作带来损失，失去很多成长的机会。

工作顺心的时候容易激发我们的敬业奉献精神，工作不顺心的时候更需要有敬业奉献精神来充当我们的精神支柱。不管怎么样，我们都不能用理想来否定现实，也不能用现实来否定理想。面对现实，挑战自我，奉献社会，应该说是大多数人的现实选择。作为一个工作的人，不管在什么工作岗位上，都需要有敬业奉献的精神。

抵住机会诱惑：太多机会容易导致犯错

有人说："一个公司在两种情况下最容易犯错误，第一个是有钱的时候，第二个是面对太多机会的时候。"在工作之中的我们一定要脚踏实地地走好每一步，抵挡住那些机会的诱惑，千万别在机会中迷失自我。如果我们抵挡不住那些机会的诱惑，就会一直在这些机会中犹豫不决，不仅浪费了时间，还降低了工作效率，最终一事无成。

那么，我们应该怎么抵挡诱惑呢？

1. 提前作战

当你快要陷入诱惑的时候做出决定、提前做好准备能够帮助你解决困难。研究表明，对自己设定严格期限的员工比那些没有设置的员工表现更好。提前作战也可以说是一场相当痛苦的战斗，因为一般情况下我们喜欢自由选择，但是如果我们现在对自己狠一点，那么以后将会受益良多。

2. 尊重自己的本意

研究表明，自我控制是一个非常有限的资源，训练它可以有一个清晰的身体效果变化，如降低葡萄糖水平。任何时候，我们在一项任务之中只有有限的自我控制能量，当我们一直严格控制自己，就会感到很累，此时，我们就更有可能趋向于诱惑，心理学家把它称为"自我消耗"。

提高自我控制力的第一步是清楚地认识到自我控制力最弱的时候，确保自己在这段时间内能够找到一种抵制诱惑的方法，否则我们可能会不自觉地陷入诱惑之中不能自拔。

3. 和无意识战斗

我们之所以会陷入诱惑，部分原因是我们的潜意识总是准备好执行我们做好的决定。我们很容易只靠着表面的现象陷入诱惑之中，同样地，对于目标的设置也是，当我们的目标受无意识的引发，那么研究者就很容易想到更高的目标。这个时候我们应该远离诱惑，不管是生理上还是心理上，去接近那些能帮助自己达到目标的事情，这样我们的无意识就会不自觉地让你朝着你的目标方向前进。

4. 利用奖赏

奖励能在很大程度上加强自我控制。研究者发现，一些人之所以能用短期牺牲来获得长远利益是因为我们的大脑中都有一个自我强化奖赏机制，因此设置奖赏会有效，特别是在个体自我强化的情况下。

5. 惩罚

我们不仅要在表现好的时候奖励自己，也要在表现差劲的时候给自己一些惩罚。研究者在实验室条件下测试自我惩罚的时候发现，惩罚的威胁能够鼓励人们追求更长远的目标奋斗。

6. 听从你的心

你的心支配着你的大脑，所以要运用你的心智来增强自我控制力。比如，研究发现孩子们通过把棉花糖想象成白云而成功拒绝食用它。这也是拒绝诱惑的一种方法：通过降低自己和这件事情的情感连接。你也可以用同样的方法让自己更加接近自己的目标：想象一下自己在取得成功后的积极方面。

7. 改变价值观

这就好像你可以试着乐观地思考，你也可以改变对目标和诱惑的看法。研究者发现通过降低诱惑以及提高对目标的认识对一个人的行为更有积极的作用。当我们更加重视自己的目标，我们就能无意识地适应它，同样地，降低对诱惑的看法能够帮助我们自觉地拒绝它们。

记住你最初的梦想，不要满足于一时的成就

马云曾经说过："记住你最初的梦想，不要满足于一时的成就。人永远不要忘记自己第一天创业时的梦想。"不管是谁，在刚开始创业的时候都会有梦想，也会为了实现梦想而努力，但是有很多创业者在取得一定的成功之后，抱着"守成"的观念，再也不会为了自己当初的梦想而努力了。像这样的人是走不远的，他们还有可能压抑别人的成长。要明白，眼前的一时成就只会让你高兴一下，切不可忘记了我们最终的目标是什么，甚至忘记了自己。

那些安于一时成功的人在做事情的时候效率会高，因为他们已经满足于自己所拥有的，开始花更多的时间享受生活。互联网风云人物、盛大网络创始人陈天桥说过一段话："当每天收入达到100万元的时候，我觉得它是诱惑，它可以让你安逸下来，让你享受下来，让你能够成为一个土皇帝。当时我们只有30岁左右，急需一个人在边上鞭策。就像唐僧去西天取经一样，到了女儿国，有美女、有财富，你是停下来还是继续去西天？我们希望有人不断地在边上督促说：你应该继续往你取经的地方去，这才是你的理想。"

那么，在工作中的人为什么不能满足于一时的成就呢？这里面主要有三个主要原因。

第一，如果工作中的人不满足于自己的一点小成就，就会充实自己、提升自己，把自己的项目做强做大，为社会做出贡献，进而实现自己的人生价值。

第二，小成就虽然也是一种成就，也能成为自己安身立命的资本，但是社会变化很快，长江后浪推前浪，如果我们长时间在原地踏步，社会的浪潮就会把我们抛到后头。

第三,一个人不满足于现有的成就，积极攀登更高的山峰，就会让自己的潜力得到发挥。比如，一个原本可以举起重100斤东西的人，因为不断地练习进而有所突破，以后可以举起重120斤或重150斤的东西。因为一个人只要安于现状，就失去了上进求变的动力，没有更大的目标，没有办法去做其他事情了。

如果我们想做成某一件事情，那么我们在目标明确、斗志昂扬的时候会完成得更好。每一个人在情绪饱满的时候，干什么事情都会变得轻而易举；相反，如果你自己一次又一次地拖延和延缓，自己的意志就会被慢慢削弱，需要其他的付出或牺牲才能达到自己的目的。只有那些停止进步的人才会有满足感。对于那些永远追求前面目标的人来说，他们总觉得自己身上有一些不完美的因素，因而总是渴望着进一步改善和提高，他们身上洋溢着旺盛的生命力，从来不墨守成规，这总让他们认为任何东西都有改进的余地。这些人不会陶醉在自己已经拥有的成就里，他们想让自己更美好、更充实，在一次次进步中，他们完善自我，也完善着人生。

因此，在生活中我们不要太在意别人的看法，只要坚持自己的目标，不断向前走，这样才会取得更大的成功，让自己的人生变得更有价值。

不断反省，向自己的弱点开炮

反省也叫“自我观照”，意思就是以一个旁观者的身份，对自己的行为进行审视。反省可以让一个人更了解自己。通过思考“我有什么缺点？我做事的方式对不对？为什么失败或成功？”找到自己的优缺点，奠定自己成功的基础。

在现代职场中，人们来去匆匆，很多人都用忙碌的工作作为借口忽略了自我反省，有一些人会觉得反省就一定要让自己有切肤之痛，让自己永远铭记，这才算是真正的反省，其实并不是这样。

稻盛和夫的经营哲学诀窍就在于自我反省，那么我们一起来看看稻盛和夫是怎么执行的。

第一，人生之中，提升心志这件事情，说起来容易做起来很难，坚持每天进行自我反省的人更少。说起来也很可悲，不管人怎么一心向善，都会在自己不知不觉之中做出一些出格的举动。稻盛和夫并不以圣人自称，但是为了不让邪恶的心轻而易举地打倒自己，他采用了一种自诫的形势，每当骄傲自满、自以为是的情绪出现时，他就会立即反省自己，督促自己进行改正。就在这样的自我勉励之中，他从自己的内心发誓要时刻保持谦虚的态度，改正错误，重新开始。稻盛和夫在年轻的时候就已经养成了这个习惯，这个习惯为他修正轨道，远离脱轨的危险。

第二，反省自己最重要的是，要努力去思善、行善，同时自己一有不好的念头，就要虚心反省，通过反省来一步步提高自己。

第三，对于自己的错误要勇于承认，并且敢于大声说出来，老老实实进行反省，发誓进行改正，这样不断地反省自我，不但能够避免工作上的失误，还有利于提升心志。

反省的前提是敢于面对自己，敢于面对自己的错误，自诫是为了提炼心志，净化自己的心灵。一个缺乏自我反省的人，最终会表现出自私自利，骄傲自大，这不利于企业和个人的健康成长。

在生活中，每一个人都有自己的弱点，懒惰、怯弱、自卑、拖延等，这些都是阻碍我们成功的绊脚石。一个人想要提高自己就要不断反省，勇于找出自己身上的缺陷，然后进行自我批评和反思，最终完善自己的品格。

我们每个人的心里装满了自以为重要的东西，如利益、权力、知识、优秀、经验、骄傲……你若总是守着自己的半瓶水，还觉得很有成就感，久而久之，你的浮躁心理和骄傲心态就会上涨，而求知欲则会下降，于是再也无法融进更多的知识，这个时候需要做的就是反省自己。越是你觉得自己懂得多的时候，就越是要懂得把自己倒空。

工作就是一场修心，如果你能在工作中反省自我，就会让你慢慢蜕变，不断取得进步。其实，不只是工作，生活也是如此。比如，你和自己的妻子吵架了，如果你能静下来想一想，就会发现自己确实有很多不对的地方。等你把这些缺点都改正之后，相信夫妻之间的争吵就会越来越少，日子也会越来越好。

如果你想要成为一个能够高效完成工作的人，那就要抛开自己的虚荣心，通过反省，找到真实的自己，坦然地面对那个真实的自己，不管是好是坏。反省自己可以帮助你改变自己的行为方向，克服自己的弱点，纠正所犯的错误。当我们已经养成反省自己的习惯时，所有的缺点和弱点都会离我们而去，成功也就会手到擒来。

有人说："不要抱怨你难以成功，那是因为你身上的弱点太多了。"那些高效能人士告诉我们，反省自己，不断向自己的弱点宣战，这样才能完善自我。当你战胜自己心中的虚荣心，一个个纠正自己的缺点时，你就会成为一个"自胜者"，真正掌握自己的命运。

在现实生活中，我们很难改变别人的思想和看法，所能改变的只有我们自己。因为我们的心情变得恶劣，因此才会觉得生活充满了黑暗。让自己的生活变得美好的钥匙并不在别人手中，放弃自己的怨恨和叹息，美好的生活才会随之而来。有时候我们想要获得美好的生活，现实中却发现生活并没有自己想象中那么好，这主要是因为，我们总是想让别人来改善自己的生活，却忘记反省自己。

放弃之前，问问自己是否竭尽全力

在生活中，有很多人因为遇到困难，就放弃了自己的梦想，并且因为困难他们自暴自弃，最终找个借口放弃了自己的梦想。其实，任何放弃都是有借口的，这是一种消极的态度。这个世界随随便便放弃自己梦想的人太多了，因此成功的人只有一小部分。

一个人要明白，战场是不相信眼泪的，职场也不会相信。不要为自己的放弃找任何借口，放弃的时候请问问自己，是否已经竭尽全力？

在现代这个竞争激烈的社会，没有哪一种成功是随随便便能取得的。只有那些遇到困难后坚持下来的人，才会取得胜利。如果你觉得自己手里拿着一副烂牌，不要轻易放弃，坚持下来，不停思考，如何将烂牌打成好牌。只要自己尽力去打，烂牌也会打得精彩。

人活着就是为了一口气。相信自己，不要随随便便放弃。告诉自己没有人不经历苦难就会成功的，那些成功的人懂得不放弃。

通往成功的道路曲折又漫长，眼前的失败只是成功的垫脚石，只要我们有一颗不认输的心，失败就不会成为定局。巴尔扎克说："我粉碎了一切障碍。"这就是不服输的精神，它为巴尔扎克的人生开启了一条不平凡的路。

在人生的旅途中，我们面临各种困境，这表面上是人生的障碍，实际上是一种磨炼。它最终的作用是让我们拥有顽强的意志力，它让我们更加成熟，更稳健地走向成功。失败并不是因为放弃，但是放弃一定会失败。

人人心中都有自己的梦想，如果以坚强的意志力迎难而上，不认输，就有成功的希望。马云说："我不知道什么叫成功，但我知道什么叫失败，那就是放弃，只要你不放弃，你就有希望，你就有成功的可能。"

美国著名动画大师、导演、制片人、企业家、配音演员、卡通设计者、编剧、迪士尼公司创始人——华特·迪士尼的成功就是源于他对绘画的坚持。达·芬奇坚持不懈地画鸡蛋，才有了举世无双的名画《蒙娜丽莎》。人生之路肯定不会一帆风顺，只要我们不认输，一步一步勇敢地走下去，不放弃，就会有成功的那一天。

人的潜能是巨大的，在没有挖掘出潜能的时候，你永远不知道自己到底有多大力量，所以对于有些还没付诸实践的事，它的结果会如何，是不能轻易下结论的。俗话说得好："要想知道梨子的滋味，必须亲口尝一尝。"没错，没有实践就没有发言权，如果因为一个梨子看起来很酸，就放弃去品尝，也许会因此而错过美味，只有真正尝试之后，你才会知道事实到底是怎样的。

如今虽然我们生活在和平的年代，但是我们生存的社会竞争压力很大，这就要看一个人能不能坚持下去了。如果遇到挫折就打退堂鼓，这样的人很难获得成功，坚持下去靠的是内心的力量。一个人要想在社会中立足，靠的也是自己的坚持。只有能坚持下去的人，才会成为生活中的强者，才能赢得人们的支持和信赖。

一个人是不是一个人才，那就要看他在遇到挫折的时候能不能坚持下去。两个人同时走路，那个不放弃的人往往会比先放弃的人有收获。只要能坚持，相信胜利的大门就在不远处。

第七章

善于创新，寻找解决问题的捷径

随身携带纸笔，随时记下你头脑中的灵感

美国无产阶级革命家坎农说：“我把纸笔放在手边，便于记下那些稍纵即逝的思想，以免被淡忘。”大发明家爱迪生说：“所谓天才，就是百分之九十九的勤奋加上百分之一的灵感。”

爱迪生本人是一个非常重视灵感收集的人。平常不管走到哪里，他都随身携带一个笔记本，他称这个笔记本为“灵感册”，自己一旦有了好的灵感、创意或观察所得，他就会随时记录下来。当他没有灵感的时候，他就会拿出自己的灵感小册子来看，通过上面记录的图文获得灵感。当爱迪生去世以后，人们惊讶地发现，在他的房间之中竟然有好多这样的小册子。

我们有时也会产生新奇的想法，面对这些想法，我们一般会一笑置之，不会多加留意，就这样让它们悄悄消失了。而事实上，有时候改变我们命运的恰恰是这些简单的想法。

销售员可能会觉得名片很重要；重视时间的人可能会觉得手表很重要；财务工作人员可能会觉得计算器很重要。但不管你从事什么工作都应该随身携带纸和笔，这样不仅有利于把自己的灵感记录下来，还会让工作变得快捷高效。

出门办公的时候带着纸和笔。这样你就可以随时记录下客户的地址和联系方式，减少因为迷路或堵车带来的各种麻烦。还能随时记下来自己突发的想法。

和别人交谈的时候带上纸和笔。如果沟通不是很顺利，或者用语言表

达让人难以理解时，在纸上画一下示意图会让对方更容易理解你要表达的意思。

做有价值的会议记录。开会的时候并不一定只是走过场，你应该做好有价值的会议记录，并且表现出自己对会议很重视。

需要介绍自己而发现没有名片的时候。如果你有随身携带名片的习惯，那么至少可以用笔和纸写下你的姓名和联系方式。

便于贴在自己周围。把随手记录下来的东西贴在电脑显示器上，这样时刻对着电脑的你就不容易忘记事情了。

记录有用的重点谈话。和老板谈话的时候并不需要一直盯着他的眼睛表示礼貌和倾听，有时也应该随时记录老板的指示，并展现自己的思维。

由此可以看出随身携带笔和纸除了可以记录自己的灵感之外，还有那么多的用处，我们何乐而不为呢？随身携带纸和笔把自己的灵感记录下来很重要。

大众化产品也能开发出新特色

沃霍尔小时候体弱多病，不得不经常在床上休息，因此他在学校里没有办法融进其他同学的圈子。当他在床上养病的时候，他靠听广播、画画、收集明星的海报来打发时间。回忆起当时的经历，沃霍尔认为这段童年时光对他影响很大，最终使他形成了自己爱独处的个性，培养了他对艺术的热爱。

20 世纪 60 年代，沃霍尔从一个广告插画师成功转型。他转型成功之后，枯燥的生活变得有趣起来。刚开始的时候，他在一些著名但非常严肃的美国产品上画画，如坎贝尔牌罐头等。他不仅把大规模生产的产品变成了艺术，也把艺术变成了可以大规模标准化生产的产品。沃霍尔曾经说过，他想把自己变成“一台机器”。于是他开始降低自己在产品中的创造性空间，当他的创造性降到最低的时候，很快他的作品因为很富有争议性而流行开来。

于是，人们看到了沃霍尔纸钞、名人头像、剪报图片等。这些东西很久之前就已经存在，它们就像可口可乐瓶子一样普通又枯燥。沃霍尔说：“美国这个国家伟大的地方在于它开创了一项传统，最有钱的顾客和最贫穷的顾客买到的产品本质上都一样。你收看电视节目，看到了可口可乐，你知道总统也喝可乐，明星也喝可乐，然后你想了一下，你自己也喝可乐。可乐就是可乐，花再多的钱，你所买到的可乐也不会比那些流浪汉买到的好喝。所有人都知道这一点。”

沃霍尔后来创办了《专访》杂志，并在1975年出版了他的专著《安迪·沃霍尔的哲学》，他在书中说：“赚钱是一门艺术，工作是一门艺术，好生意是最好的艺术。”

沃霍尔的资产相当庞大，以至于在他死后，索斯比拍卖行花了9天时间，才把他价值超过2000万美金的遗产拍卖完。他的资产总数据说比这还多，而他的成功秘诀就是热爱那些对其他人来说无比枯燥的东西。

沃霍尔的人生经历告诉我们，其实根本就没有什么枯燥的东西。只有当你没有办法参与到自己的工作之中来，你才会觉得枯燥。当你投身其中的时候，你会惊讶地发现自己的创造力，居然会把枯燥无味的行业变得如此有趣而又有特色。

现代传统行业和新兴行业相比，仍然有自己的优势。传统行业往往存在了一段时间，市场成熟稳定，人们也已经使用过这种产品了，所以我们不用花更多的时间和金钱让市场接受它，更不用担心多年以后会被遗忘。因此在大众产品的基础上开发自己的特色，能够提高公司的效率。

创新自己的工作方式

作者沃尔夫·施耐德在他的《冲出围困》一书中写道："大多数成就大事的人的日常工作都是非常辛苦乏味的。"这本书主要以伟人和名人作为写作对象，并且集中阐述是什么因素造成了他们的伟大和名望。从达·芬奇到托马斯，从巴尔扎克到舒伯特，这些人的例子足够证明：除了少数例外情况，大部分成功人士都有自己的工作方法。他们在工作的时候非常注意系统化和纪律。

同样让人感到奇怪的是，在各种学校课程之中以及其他形式的培训之中，个人的工作方法并没有得到重视。实际上，除了少数人天生就有出众的才能之外，很多人在这方面都做得很差。

有一些人在工作之中采用了经过深思熟虑的工作方法，他们的工作成效显著；而有一些人并不看重工作方法，因此他们的工作效果并不是很好。而工作方法对人们产生的影响不仅体现在职业成就上，有条不紊的高效工作方法也会影响个人的生活。

我们经常会讨论一些工作的负面作用，如它带来了过重的负担，它使我们的生活节奏趋于疯狂，它损害了我们的健康，等等。这些问题以及类似的抱怨大都与工作方法有关。大量艰巨的工作并不会让人累倒，它仅仅会让人感到疲惫。人们在工作之中倒下，是因为他们在工作之中没有效率、没有意义，并且他们在工作之中无法获得成功。

虽然良好的职业训练、足够的智慧和经验以及其他素质都很重要，但是如果你没有适当的工作方法，这些都会失去价值，它们最多就是一些等待开发的潜能。

很多人都不愿意从事有条理的系统化工作，因为它们相信，这样的工作方法没有创造性，这是一个广泛流传但完全错误的观点。实际上刚好相反，那些真正有创新精神的人，都掌握了系统完善的工作方法。

不管什么工作，实现理想目标效果最显著的“方法论”是存在的，只是我们要随着时代的进步，与时俱进更新“方法论”，利用效果最显著的方法开展工作，许多工作都能在短时间内有效率地完成，最后的结果就是达到了自己的目标，获得了丰厚的利润，拥有了自己的私人时间。

在这个快速创新的时代，上到公司董事长，下到一般员工，每一天都要面对很多生产、销售、财务等问题。你是想办法高效解决，还是累死都完不成，这主要取决于工作方法。在生活中，我们永远不要停止改进自我，改进自己的职业。不要在成长的过程中，让惯性思维束缚住你。只要不陷入自己的惯性思维，遵照适合自己的工作方法，每一天都是新的开始。

在繁杂的流程中，学会简化一个步骤

通用电气公司前CEO杰克·韦尔奇说：“速度决定一切，它是竞争中最不可缺少的部分。速度、简化和自信，三者相辅相成。”

你现在正在做什么工作？在你开展的工作中有哪些步骤？你能去掉一个步骤吗？高效工作的一个方法，就是从工作中去掉一个步骤。

问问你自己：“我们的客户要进行哪些步骤才能获得我们的服务呢？有什么步骤可以取消吗？”哪怕你只能取消一个步骤，他们也会很高兴。因为客户的时间也是金钱，如果你能帮人们简化程序、节省时间，他们就会回报你。

有一家银行，省略了一个步骤，获得了很好的效果。如果我们去银行，最不喜欢的事情就是排队，这家银行就取消了这个步骤。如果他们的工作人员看到有人在排队，就会走过去询问："您是要存钱吗？如果是，那么我可以帮您存。"然后他们把钱拿过去，帮客户填好表存好钱，客户不用排队就搞定了。就因为不用排队，所以这家银行的客户越来越多，银行的财富也就增加了。

不管你提供什么样的服务或者产品是什么，就算你在大公司工作，也要问问自己："是不是必须这么做？我们能不能帮助客户节省时间？我们能不能省掉某一个步骤？"

在面对客户的时候，不管是什么，不管你让他们做什么，都要问问自己："他们非得这样做吗？我们真的需要他们这样做吗？有没有更好的办法省略掉这一步？"

如果你现在正在销售商品，你可以凭着改进送货的方式来实现财富的快速积累，而不用费尽心思去想怎么让产品更新换代。你可以想想：你是怎么送货的？这样送货的方式可以改进吗？可以让物品更快地送到客户手上吗？可以让接收者更方便地接收货物吗？

在工作之中，并不一定只有那些企业家才需要用这些方法来让自己成功。就算我们是公司的普通职员，也可以通过革新自己的工作来得到晋升。

借鉴他人优秀的经验

狮子、驴和狐狸一起去打猎，它们收获很多。狮子让驴分配猎物，驴把猎物平均分成三份，然后让狮子自己挑选一份。狮子看到之后很愤怒，它觉得自己得到的东西太少了，于是它把驴吃掉了。之后，狮子让狐狸来分配猎物。狐狸把大部分猎物放在一起，让狮子自己拿，自己留下一点点。狮子问狐狸："是谁教给你这样分配猎物的？"狐狸回答说："是驴子的不幸。"

他人的经验可以成为自己的借鉴，生命有涯而知无涯，我们不可能在有限的生命之中体验所有的事物。经验是宝贵的，也是有限的。人之所以伟大，就是在于能借助思维，从间接的经验中获得智慧。以别人成功的经验和失败的教训作为借鉴，这是自己获得智慧的途径之一。

那么在生活中，我们怎么借鉴他人的经验呢？

1. 诚恳的态度

既然是借鉴他人的经验，免不了要向他人请教，所以在请教的时候我们应该有诚恳的态度。这样别人在给你讲解的时候就会很高兴。摆正态度是首要的，态度决定请教能否成功。

2. 说话要有水准

在向他人借鉴经验的时候不能直接说这个问题我不会，这样会给人一种很不礼貌的感觉，应该谦虚一点说："您好，我在这方面有一些不懂，你是这方面的高手，你是如何做的呢？有什么经验吗？麻烦您帮我看看，帮忙解决一下可以吗？"类似这样的说话方式，不仅有礼貌，而且很中肯，别人听了之后会觉得舒服，就会把经验告诉你。

3. 虚心且要有耐心

向别人请教问题借鉴经验的时候要虚心一点，不要觉得别人讲的东西很烦。我们既然向高手请教，那么就应该认真听他讲东西，从中学到自己想要的经验。

4. 有些问题要回避

有一些关于别人隐私或家庭的问题不要问。因为这样违反了做事的原则。我们最重要的事情是分享别人的成功经验，并不是复制别人的成功。

5. 要在合适的机会请教

不要在别人忙的时候请教，这样对别人不好，而且自己也会办不成事情。比如，别人工作很忙，这时候我们应该另找一个空闲的时间拜访。

古人云："他山之石，可以攻玉。"事实证明，善于学习借鉴别人的成功经验或失败的教训，可以让自己在工作中少走很多弯路。毕竟个人的经验是有限的，如果能够通过学习他人的经验，接受他们的观点和方法，把它们和自己的实际工作经验结合起来，能让自己的工作效率得到提高，何乐而不为呢？

老子说："善人者，不善人之师；不善人者，善人之资。"仔细观察那些善者的行为，向能者请教，学会用他们的思维和角度来思考问题，并对比自己的想法找出差异，认识到自己的不足，以此来完善自己。对于那些"不善人"的行为，要观察和分析。用"不善人"的原因以及整个过程中的不足来观照自己的行为，避免以后出现同样的错误。这样下去，尽管自己和那些"善人""不善人"没有同样的经历，但在很短的时间里获得更多的经验。以后一旦自己遇到了类似的事件，成功的概率就很大了。

自觉学习和自我批判的能力是每个工作中有进取精神的人应该具备的。职场是一所大学，身边的每一个人都有可能成为你的老师，别人的经验和教训对你来说是很好的教材，也是一种无形的财富。只有认真学习，你才能真正成长。比如，你可以从老板那里学到先进的管理经验、经营技巧，在同事那里可以学到工作技能以及与人相处的能力等，这些都是你在书本上学不到的，它们会慢慢融入你的成长经验里。

你身边的同事，很多学历并不是很高，甚至还低于你，但是他们能够取得优异的成绩，在工作中迅速成长，并且担任了重要的职位，这些都与他们谦虚、认真学习的态度分不开。如果你掌握了别人的成功经验，又吸取了别人失败的教训，那么你就不愁在工作中没有进步了。

多用新招，一招鲜不见得吃遍天

360公司一直提倡“三个凡是”：凡是用户提的问题，一定要追本溯源，找到问题的原因，从用户的角度思考解决的方案；凡是负面的信息，即使是对手故意在找麻烦，也要找到可以改进产品的启发点；凡是竞争对手的产品，都必然有学习借鉴的优点。

“一招鲜，吃遍天”是很多商界人士所信奉的经营心得，而360公司董事长周鸿祎并不这么认为，他觉得好的创意、好的东西被别人学习是正常的。当今社会，一招鲜并不是一成不变，而是始终如一地保持与众不同的本色。否则，这一招早晚会被别人学走，当别人做的超过你的时候，你就会遭到淘汰。创业者要想把自己的企业做大，就不能固守一个传统的经营手法和营销方式，而要多出新招数，始终拥有自己的经营特色。

在职场之中，我们也要多改变自己，不能让自己一成不变，否则自己将会被社会淘汰。如果你决定要做改变，那么就要考虑从以下几个方面入手。

1. 寻找自己的核心竞争力

不要总是抱怨公司不给你机会，这很有可能是因为你没有让别人看到你有足够的能力胜任那个机会。不管是因为你不适合现在的行业，还是因为现在的工作已经没有让你发挥的余地了，你都应该从自己的身上寻找转变的可能性。文员、秘书这样的工作是典型的缺乏核心竞争力的工作，如果你想有所提升，那么你就要增强自己的专业技能，如外语、人力资源管理等，这样才会让你为以后接受“有竞争力”的工作打下基础。

2. 为了长期的规划可以以退为进

有了一定工作经验的人，如果想调整自己的职业方向，可以放下身段，从头做起。虽然看起来这样比原来的工作状况有所退步，如新工作压力太大，工作时间长，薪资待遇也没有提高等，但是如果你调整的方向是对的，能让你学习更多的东西，接触到更大的世界，那么在短期内的以退为进是可以接受的。

3. 坚持，坚持，再坚持

挑战自己，战胜自己是一件很不容易的事情。混日子就像是下山，而挑战自己就是上山。哪一个更累，显而易见。但是当你爬到了高处时，就会看到更美丽的风景。当你觉得自己坚持不下去的时候，或者怀疑当初做的决定的时候，请再坚持一下。

把 90%的人说“好”的决定扔进垃圾桶

马云在谈到创业的时候说过，如果一个方案有 90%的人说“好”，我一定要把它扔到垃圾桶里去。因为这么多人说好的方案，必然有很多人在做了，机会肯定不会是我们的了。

这样的说法并不是说要我们去反对大多数人的观点，而是鼓励人们在众多的思维中有自己独特的想法、独到的见解，而不是大家都一样。一个人要想与众不同，那么首先他要有与众不同的思维方式，这种思维方式就是创新。通过创新，让自己所做的事情和大多数人截然不同，有自己的特色。正是这种特色，会吸引很多人的眼光，从而达到意想不到的效果，很多时候，这种效果甚至超出了你的想象。

美国石油大王洛克菲勒说："如果你想获得财富，那就选择一条新的道路。千万不要在别人踩烂的路上继续寻找。只有与众不同才能获得更多的财富。"洛克菲勒从商的经验让他明白保持头脑灵活、与时俱进的重要性，因此他能够接受新鲜事物，引入一些新概念，推动创业投资基金，发展高科技和其他新兴的行业。他富有远见，凭借自己的魄力和手段，一步一步地建立起了自己庞大的石油帝国。从洛克菲勒的事迹中我们可以看出，只有通过不断创新才能让自己与众不同，才能让企业在激烈的市场竞争中立于不败之地。

阿里巴巴在刚开始建立的时候，只有 18 个人，这 18 个人后来被称为阿里巴巴十八罗汉，他们全是马云做教师的时候认识的同事、学生和好朋友。马云离开外经贸部决定南下回杭州创业的时候，他对这些人说："我要回杭州创办一家自己的公司，从零开始。大家愿意同去的，每月只有 500 块钱的工资，愿意留在北京的，我可以推荐你们去收入很高的公司上班。"听了马云这番话，大家都愿意跟着他一起离开。

于是在 1999 年春节，马云带着这班人马从北京回到杭州，为自己即将到来的新事业做准备。他们准备做一个电子商务的网站。但是在刚开始创业的时候，大家的想法都不一样。有的人主张做 B2C，有人想做 C2C。最后马云决定说："我们做 B2B。"

当时大家都觉得马云这个想法不太现实，因为在当时的互联网中还没有这样的模式，至少在中国互联网上没有。但是马云说："如果一个想法 90%的人都说好，那么你可以直接将它扔进垃圾桶。如果大家都想得到，别人就能比你做得更好，你还做什么？”他下定决心做 B2B。事实证明。马云的决定是对的，阿里巴巴取得了成功。

有一句话叫“不走寻常路”，也就是说另找路走，大多时候，如果我们跟着别人走，一般会碌碌无为，而不走别人走过的路才有可能成功。

清代才子纪晓岚说：“天下之势，辗转相胜；天下之巧，层出不穷。”这个时代是一个创新的时代，需要那些创新型人才，生活在这个社会之中，我们需要有自己独特的思维和创造力。这就像法国思想家蒙田所说：“我不愿有一个塞满东西的头脑，而宁愿有一个思想开阔的头脑。”现代社会没有自己独特的地方，就不会有什么大事业，吃别人吃过的东西也是没有味道的。

出奇制胜，善于反其道而行之

在商界，如果一个企业拥有超常规的人才，会让公司如虎添翼，取得很好的战绩。“一个便宜三个爱”，在生活中很多人都有着这样的思想。但美国惠普公司有着与众不同的理念，他们在产品上多花心思，用好的性能让消费者自愿出钱，而不是把所有的精力都放在价格竞争上。

当其他公司为了提高营业额降价销售自己的产品时，惠普公司反其道而行，把产品平均提价 10%，研究开发的费用增加 20%。之后，惠普公司持续三年的高增长率虽然降了下来，但是公司的利润额得到了大幅度提高。更让人吃惊的是惠普公司债务的变化，在改变自己的经营理念之后，惠普公司几乎偿还了所有的债务。这一变化让人感到吃惊，惠普公司的做法是违背常理的，但是效果很明显。

东洋人造丝织品公司是日本最大的化纤制品厂之一，被人们称为“纺织阔佬”。但是市场瞬息万变，新技术的发展让化纤产品的市场越来越小，以至于东阳公司故意损坏机器，想从政府那里获取补助金来维持经营。

好在这个时候一个小班长救了公司。过去的纺织技术是把五根粗细均匀的线纺成一根，公司为了保证产品的质量，不让公司员工把五根不均匀的线纺在一起。小班长想如果故意把五根粗细不一样的线纺织在一起，不就能开拓一条新的道路吗？

这个小班长把这个想法做成方案交给了公司。公司的决策人刚开始的时候不愿意接受这样“不合时宜”的想法，但是班长一再坚持，最后决策人接受了他的想法，并针对这个发明申请了专利。

人们的审美千变万化，不知道什么时候人们开始喜欢穿那些粗糙而松软的衣服。要想制作出这样的面料，就必须加入30%的像被虫蛀过的线，而这就是小班长的专利，公司由此获得了成功。

创新并不是多么神秘的事情，反其道而行也是创新。那些精明的企业经营者和企划人绝对不会沿着一条路走到黑，他们会在旱路不通的时候走水路，大路不通的时候走小路。

在职场之中，如果自己和大家都用同样的方法去做事情，这样往往不会取得什么有别于他人的成就，有的时候我们不妨试一下反其道而行，这样说不定会起到事半功倍的效果。

倒立思维，一切皆有可能

人在做任何事情的时候都脱离不了自己的思维。拿破仑也曾经说过：“思维不仅能拯救一个人的命运，它还能拯救一场战争的命运。”很多成功人士经常说：“命运掌控在自己手中。”那么是什么让我们掌握命运？那就是我们的思维！在生活中，思维支配着一个人的行为。两个有着不一样思维的人去做同一件事情，结果的差异是很大的。

企业发展到一定阶段的时候，总会遇到大的挑战，其中最大的挑战就是组织的惯性。传统企业转型难主要的原因是整个组织的思维惯性卡了壳。思维一般分为两种，一种是增长型，这种思维就是把 KPI 完成就可以了，不要去冒险；另一种是非增长型，有了这种思维就会不断地努力，不管在什么情况下看到的都是机会，不会看到挑战和压力，所以也不会焦虑。如果产生了焦虑，那就说明思维方式错了。正确的思维方式看到的都是机会，现在的商业环境那么丰富和多元，机会也很多，因此在看待问题的时候不要只从内向外看，还要从外向内看，这是一种倒立思维。

所谓的倒立其实也就是一种逆向思维。逆向思维作为一种方法论，具有明显的工具意义，那么逆向思维有哪些呢？

1. 方位逆向法

方位逆向也就是双方完全交换，让自己处于对方的位置。学习方位逆向，首先要做到四个字：设身处地。在方位逆向的实际运用中，需要你站在他人的角度，尤其是那些与你有利益关系的人，要从对方的角度来看待和分析事物。想要学习这一点，不仅需要真诚的心，更重要的是创新的智慧。如果在工作之中我们学到这一点，就会更快了解客户想要什么，有利于提高自己的工作效率。

2. 属性逆向法

事物的属性一般是多方位的，一件事情可以从不同的角度去理解。同一件事情从不同的角度来看，它的性质也是多方面的，并且这些性质是可以转化的。因此在工作之中，我们不要只从一个方面看问题，要从多个方面看，那么一定会有和别人不一样的发现。

3. 因果逆向法

逆向思维之中,“倒因为果,倒果为因”的方法在生活中的应用很广泛。有的时候某一种恶果在一定条件下可以反转为有利因素,关键是怎么运用逆向思维。治疗天花的方法是接种牛痘,这种以毒攻毒法就是运用因果逆向思维法的结果。

4. 雅努斯式思维法

“雅努斯”是一尊罗马神话中的两面神。传说中,他的脑袋前后各有一张面孔,一张看过去,一张看未来。你能在古罗马钱币上看到它,它一只手拿着开门钥匙,一只手拿着警卫长杖,站在过去和未来之间。

雅努斯式思维法,就是把思维对象的两个面孔作为目标,遵循逆向路径研究问题,善于把正向思维和逆向思维结合起来看待问题。

抢在变化之前先改变

在工作之中,前人的成功经验总是有很多后人去学习和借鉴,但是当前人的成功经验成了后人的模式之后,当事人很容易走进误区。

在现实生活中,有许多问题都是我们过去遇到过或别人遇到过的,所以我们会按照常规思维去解决问题。经验的确会为我们解决很多麻烦,但也会让我们陷入思维定式,让我们忘记还有许多方法都能解决问题,甚至有一些方法能解决得更好,只不过我们对它们还不熟悉,因为我们没有采用过,所以我们固执地认为,除了这条路,无其他路可走。

但事实并不是这样。许多情况下,解决问题的方法并不是只有一种,就好像通往罗马的路并不是只有一条一样。我们只是没有想到另一条路，但是它们的确存在，只不过我们尚未发现。

这个时候我们要学会变通，勇于做一些别人没有想到也没有做过的事情，如此我们就能打破条条框框的束缚，成为勇为天下先的开拓者。

在这个世界上有很多追随别人脚步的人，他们总是喜欢跟着别人的脚步走，沿着他人的思路思考。他们觉得，走别人走过的路才最省心，这条路是自己走向成功、创造卓越人生的一条捷径。他们并不知道“模仿乃是死，创造才是生”。

对于很多人来说，模仿是一件愚蠢的事，它是创造的劲敌。它会让你的心力枯竭，没有动力；他还会阻碍你成功的步伐，干扰你进一步的发展。所以对于一个高效能人士来说，要想成功就不能模仿，不能走别人走过的路。

高效能人士都不喜欢和别人同吃一碗饭，他们很高明，能把小机会变成大机会。他们不随大溜，眼光独特，在别人还没有睡醒之前，他们已经把钱装进自己的口袋里了。

走别人没有走过的路，就意味着你必须面对别人不曾面对的险阻，吃别人没有吃过的苦，但也只有这样，你才能够发现别人没有发现的东西，到达别人不曾到达的高度。

成功者之所以会取得优于别人的成绩，主要是因为他们想到别人不曾想到的东西，走别人不曾走过的路，也正是因为这种思路支持着他们一路走来，让他们敢为天下先，跨越很多障碍获得成功。

有人说：“使命和价值观不能改变，其他都能改变，而且要抢在他人之前改变。”这么多年过去了，我们见证了他的坚守和创造，也说明了“抢在变化之前先改变”的大智慧。

第八章

学会带队伍，提升工作绩效

不懂带队伍，你就得自己拼到底

联想公司前董事长柳传志说：“做企业就是三件事：搭班子、定战略、带队伍。”这里我们主要讲讲带队伍。

带队伍也就是管理队伍，管理队伍中的每个人。管理，这是一个只要涉及企业行为就必定谈及的话题。与此同时，管理也是当下最热门的话题之一，只要手底下有几个人，张口闭口必谈管理。然而，管理这一话题虽然火热，但真正懂得什么是管理的人却寥寥无几。你想要自己的团队发展得好，就得学会怎样带队伍，会带队伍了，你的工作才会有效率。

刘先生是一家私营软件企业的老板。随着公司不断地发展和壮大，刘先生因为业务发展需要聘请了十多名应届大学毕业生。其中几个人没干多久就辞职了，刘先生感叹现在的年轻人不能吃苦，眼高手低。一天，他收到了一名员工的一封邮件，正是刘先生非常器重的那一位。信的内容如下：

“刘总，您好！我知道您看到这封信后一定会很生气，但我还是决定离开贵公司。非常感谢您的器重和培养。我向您保证，我绝对不是偷师成功后才走的，而是您的一些做法让我很不赞同。我很佩服您，从您的身上也学到了很多东西。但这并不意味着您的看法和决定都是对的。每当我想要发表我的看法时，您总是不重视，甚至连说话的机会都不给我。而一旦出了问题，您不论天大的事还是芝麻大小的事，都会大发雷霆，也不给我机会解释。这样您反而更觉得自己的决定是对的。我知道自己是个初出茅庐的新人，对于公司的发展战略没有发言权，但我还是觉得这样发展下去会对公司不利。感谢您对我的培养，有不对的地方，请您原谅。”

这个例子不过是众多管理案例中的一个。刘先生留不住员工的主要原因是没有学会管理团队。那么在工作中，我们该怎么带团队，怎样学会管理呢？

1. 具备核心领导力

核心领导力包括：自律、榜样、无私、自信、担当、专注、大气……你要用自己的人格魅力去吸引和感染周围的人，这是成功管理者必备的品质。领导就是一个影响他人的过程，没有人喜欢被管理，但是人们能够接受被影响。因此，你想要领导别人，就得有良好的品性，让周围人会因为你的影响而做出改变。

2. 团队制度的建立

无规矩不成方圆。人多了，规矩便成了制度。作为管理者来说，制度是你管理的下属让企业提高效率最有力的武器。优秀的制度可以帮助领导者带领团队走向辉煌。制度成功，团队就会成功；制度失败，团队也难逃厄运。想要管理好团队，团队的制度建立很重要。

3. 团队人员的高效沟通

人是构成企业的最基础要素，管理好人则是对一个优秀管理者最基础的要求。团队中每个人的情况都不一样，为了形成团队内部强大的凝聚力，就要加强团队人员的沟通。内部成员有良好的沟通会使工作效率大大提高。

4. 内部权力的制衡与分享

权力是每个人都渴求的东西，然而只有真正掌握它的人才知道，有效地行使自己的权力是一件不容易的事。所以你要对手中的权力进行有效的制衡与分享，才能让权力发挥最大的价值。

5. 项目的决策和考核

团队只有做好项目才标志着成功。作为管理者的你，你的决策正确，项目才能成功，决策错误，员工再努力也没有用。而决策必须依赖考核，用它来监测决策的正确性。

6. 塑造团队的凝聚力

团队拥有凝聚力，会让成员产生一种归属感。团队成员只要心往一处想，劲往一处使，齐心协力共同奋斗就会更轻松地完成目标。

作为管理者，不会带团队，你就只能拼到底。所以我们要学会管理手下人，让他们提高工作效率，为你、为企业创造出更大的经济效益和价值。

带人的第一技能：学会倾听

成功学大师卡耐基说："一双灵巧的耳朵，胜过十张能说会道的嘴巴。"倾听是人际交往中必备的技能之一，是衡量人际沟通质量的重要标志。善于倾听比善于交谈更重要。心理学理论揭示，很少有人能控制住，不让自己的心声从话语中流露出来。

对管理者来说，学会倾听员工的想法尤为重要。成功的管理人员通常也是最佳的倾听者。

在美国一家大企业，来了一位新上任的销售经理。由于这位经理之前没接触过该行业，所以当他的下属有问题向他请教时，他没办法给出准确的答复。尽管如此，他却明白如何快速地了解和熟悉业务，而他的方法就是虚心和认真地倾听。所以不论别人问他什么，他总是回答说："你认为该怎么做呢？"于是属下就会提出办法，他觉得可行就点头同意，最后他的属下总是满意离去，心想这位经理还真是了不起。

一位管理者说："每次谈话时，我会直视对方，假如对面有只猩猩走过来，我都不会注意到。我还记得有一次我是如何被激怒的。那时我和销售经理共进晚餐，每次有漂亮的女服务员经过，他的眼睛总是紧盯她的长腿，那时我觉得受到了侮辱，不由得想：那女服务员的腿显然比我对他说的话重要，他根本没听见我说的话，他根本不关心公司！所以你必须专注才能听清对方说的话，才能让别人产生满足感和被认同感。"

作为管理者，不仅要发布命令让下属实施，还要学会倾听他们的想法和建议。因为只有了解和关注他们的想法，你才能了解他们的状态，让他们对你产生认同感和被尊重的满足感，才能更有效率地投入工作中，从而实现你的高效能。

所以，你想要学会倾听，想要了解和掌握员工状态、提高工作效率，可以先从以下几个方面进行学习。

1. 全神贯注地倾听

倾听是一种技巧，这种技巧的第一信条就是给予对方全部的注意。你在认真聆听下属的话语时，他们会产生一种被尊重的感觉，这样才会乐意把自己的想法告诉你。

2. 记得随时回应

如果只是敷衍而木讷地听对方讲述也是不行的，我们还要表现出自己真的在用心听，要适时回应，以引起对方的注意与说话的欲望。

3. 要有重点地听

可能员工找你谈话有别的目的，这时你就得仔细分析他的意思到底是什么，找出话中的重点，这样才能了解员工的真正意图，找到处理问题的办法。

4. 要善于平等地和员工讨论问题

优秀的管理人员应该知道，如果对下属扮演权威角色，会使双方产生敌对的状态，会使有效的沟通中断，产生的后果会很糟糕。所以要感同身受地站在对方的角度考虑问题，这会使你们的关系得到改善。

5. 采用员工的建议改进工作

倾听下属的意见，管理者能够得到更全面和更完善的解决问题的方法。集思广益，听取广泛的意见，然后取其精华，往往能取得事半功倍的效果。

倾听是帮助我们走向别人心中的一个重要途径。当你真正学会用心去倾听别人说话时，你才能了解别人的想法，这个时候你才能集中精力去解决问题或发挥影响力、领导力，成为受下属爱戴的领导者。

严密的制度，是高效管理的关键

俗话说得好“没有规矩，不成方圆”，伟大领袖邓小平也指出：“制度好可以使坏人无法任意横行，制度不好使好人无法充分做好事，甚至走向反面。”企业要想做出好的业绩就需要严密的制度，让制度规范团队里的每名成员。

很多管理者都抱怨自己的团队效率低下，究其原因不外乎“没有规定”或“规定没有得到执行”，制度形同虚设。很多中小企业还处于落后的“经验管理阶段”，而每个人的经验都是不一样的，所以很容易导致工作效率低下。如果想让企业或团队更好更快地发展，达到高绩效管理，就得制定严密的制度规定并给予坚定的实施。

1. 制定规定的步骤

● 经过民主程序制定。制度的制定要经过全体员工一起讨论与表决，这样在以后实施起来才更有力度。大家会信服并自觉遵守它。

● 不违反国家法律、行政法规及政策规定。这是必须遵守的一项规定。这样这些规定才具有可操作性，既有合法性、规范性，又能有效地激励、督促员工，充分体现企业文化。

● 向员工公示内部规章制度经民主程序讨论通过后，必须以正式文件形式向全体员工公示，只有经公示后才能生效。可以根据自身情况，采取不同的公示方式。

2. 实施规定的步骤

● 规章制度要与实际相符合。规章制度一定要有存在的价值，做到与公司发展的实际情况相结合，不要去照本宣科地套用别人的制度。记住，适合自己的才是最好的。

● 要由高级管理者颁布。制度的推行一定要由老板或比较高级的主管宣布，员工会更容易服从。

3. 以身作则，严格实施

管理者可以吸引下属的注意力，所以我们要努力成为一个可靠的“自我管理”的榜样。如果想让员工成为有效的“自我管理者”，我们首先就得成为榜样，为员工提供示范，以生动、详细、易于理解的方式来展示“自我管理”的行为，这样大家的工作效率都会有所提高。

4. 规章制度，铭记在心

规章制度制定的根本就是管理员工，所以其内容一定要让相应的员工知道，了解制度的作用意义与如何操作，让他们知道，如果不执行会带来什么危害。

5. 制度实施可以有过渡期

不管你管理的人员是多是少，在开始实行的阶段，要有一个月的适应期，如果有触犯制度的员工，这时劝诫即可。适应期过后，可以公示给予何种处分。

所谓管理，就是管好自己的行，理顺别人的心。作为管理者的你若能牢牢把握自己的行为规范，坚持捍卫企业的制度，维护制度的尊严，同时在制定制度的时候充分考虑具体情况，不使制度过于教条，也不使制度过于严苛，就能够调动员工的积极性，建立归属感，从而实现高效能管理，那你们团队的成功也就理所当然了。

果断决策，让行动领先一步

凡事要主动，消极等待则有可能什么也得不到。所以，在商场上要想抢占先机，管理者就要做到果断决策，让行动比别人领先一步。

有位管理学家曾做过一个调查，他提出三个问题询问一些企业的管理者：“在工作时，你遇到的最困难的事情是什么？”“每天花在哪方面的时间最多？”“每天最重要的事情是什么？”“决策！”九成管理者对这个问题都是这个回答，由此我们可以看出决策的重要性。决策不仅是企业能否持续发展的关键，也是个人成功的关键。不管企业还是个人的发展都离不开决策，决策正确，就意味着成功；决策错误，就会走向失败。

可是商场如战场，成功与失败，生存与死亡，有时只差一步。作为管理者，想要获得成功，要让行动永远比对手快一步。在万事俱备后，一定要果断决策，走在竞争对手的前面，这样才能赢得先机走向成功。

富士康集团 CEO 郭台铭经常对员工说："一步落后，步步落后；一招领先，招招领先。"他不仅这样要求员工，更是身体力行地实践着这句话。富士康在 30 年内从一个小厂子不断地壮大，成为全球信息技术公司百强企业，它的经营范围宽广，涉及通信、计算机和电子领域，连续三年都是中国出口创汇第一名。正是因为郭台铭无论做什么都始终抱着"比他人领先一步"的理念，才让富士康取得如此骄人的成绩。策略再好，管理能力再强，但是迟迟不行动，一切都是枉然。一个管理者要充分认识到，果断决策的重要性，也要做到积极行事，这样就能在商场上抢得先机。

对于管理者来讲，果断进行决策是十分重要的。决策晚了，机会就没有了；决策错了，则全盘皆输。那么，如何才能够做到果断决策呢？

1. 自强自立

要锻炼自己的独立性。可以在决策之前，大家一起讨论决策的可行性，但是一定不要依赖别人，让别人帮自己拿主意。管理者要有一个标准，能够做到正确地做出决策。所以，培养良好的自信、自主的意志力是非常重要的。

2. 关键时刻敢于拍板

很多管理者在遇到问题时，不论是否可以解决，总是犹豫不决等上级给予指示。这样不仅讨不到领导的欢心，而且会错过时机。所以管理者一定要分析好行情走势，做好充分的计划和准备，既要做到敢于拍板，又要善于拍板。这样才不会因为错误的决策，给自己和公司带来损失。

3. 减少决策层次

过多的管理层次会引起不必要的麻烦，也会大大降低决策效率。为提高大家的办事效率，可以减少管理层次，在做重要决策前，可以促使高级管理人员最大限度地发挥其潜能，使整个程序变得精简而迅捷。

在当今竞争日益激烈的社会，企业要想生存、发展、壮大，管理者就要摒弃决策缓慢、遇事犹豫不决的不良习惯，做到果断决策，让行动领先一步，占尽先机，并用自己的行动感染身边的人。当团队的每个人都果断决策，行事迅速，团队就会越来越具有活力和竞争力。

培养没有任何借口的执行力

超级富豪李嘉诚在总结自己的成功经验时说："决定一件事后就快速行动，勇往直前去做，这样才能取得成功。"有了想法，我们要马上行动，不要拖延。

卓越的执行力是高效管理的有效方法之一。一名优秀的管理者，会在工作中摒弃拖延的毛病，养成立即行动、动手去做的习惯，不会为自己制造借口，有意拖延自己的工作。对于企业来说，执行力就是市场竞争力。面对激烈残酷的市场竞争，管理者必须以执行力提升团队的竞争力。三分决策，七分执行。没有执行力就是缺乏战斗力，无法在这个社会上生存。

也许你认为自己够快了，已经领先对手一步，自己能带领团队击败竞争对手，但是大部分时候，并不是因为你的行动能力快，而是你的对手太慢了。所以为了不浪费时间和机会，就要有了目标，立即执行；有了计划，果断实施。让行动领先一步，会使我们更顺利地去做更多的事情。市场中很多机会稍纵即逝，可遇不可求，能否抓住这些机会，不仅取决于是否有敏锐的洞察力，还取决于能否果断决策，立即执行。

执行力很重要，很多管理者都明白这个道理，可在实际工作中总是习惯拖延，把工作留在后面，让自己享受眼下的安逸。事实表明，拖延让执行力无影无踪，这是行动失败的最主要原因。拖延是执行力的天敌，而避免拖延的唯一方法就是立即行动。怎样培养没有任何借口的执行力，以下是给在工作中喜欢拖延的管理者的几个忠告。

1. 积极主动

心态决定一切。一个人面对问题的态度很重要。只有积极对待问题，你才会对它感兴趣，并乐意去完成。当你有这种态度时，就会感染你身边的人，下属也会积极主动地对待工作。

2. 马上行动

有了计划和目标立即行动，不要犹豫不决，瞻前顾后，也不要总想着工作中的困难。任何事情都是有困难的，前方的路需要我们去开拓、创新，一步步战胜困难。如果一味地等待和徘徊，只会浪费时间，还会为自己增加更多的困难，所以想要高效完成工作，就需要立刻行动。

3. 执行要有计划

不要做没有准备的事情。执行任何任务都要有步骤，要想你的工作井井有条，就得懂得安排。管理者在团队中起领头作用，更得严格要求自己把工作任务分配好，懂得统筹安排，这样会使你的工作更有效率。

4. 要有始有终

执行是一个不断深入的过程，即使很普通的任务，如果能有效而深入地执行，也比半途而废的计划要好得多。任何事情需要的都是一个过程。当我们顺利且圆满地完成一个任务后，就会对下一个任务充满信心。这有利于激发和提高我们的工作热情，并实现高效工作。

成功源自执行，只有执行才能改变企业的命运。我们也在规划和畅想自己的美好未来：总有一天，我会成为优秀的管理者；总有一天，我会拥有自己的公司……多少想法，多少打算，为什么没能实现呢？原因仅仅是你没有采取实际行动去支持你的想法。好的想法很重要，但行动力更重要。想要成为一名优秀的管理者，一位高效能人士，就要养成没有任何借口的执行力。这样，不仅自己会成为一名卓越的执行者，还会打造一支具有执行力的团队，领导着大家走向成功。

为人才选择合适的岗位

人是构成企业最基础的要素，管理团队也成了衡量管理者是否优秀的一个标准。对于一家企业来说，人员的管理和应用十分重要。因为人是企业的重要资源，管理好了，会推动企业的快速发展；管理不好，会成为企业生存的隐患。所以，要充分地利用好人才资源来提高工作效率，推动企业高速发展。

如果说人是构成企业的基础要素，那么人才就是推动企业发展的动力。在当今社会，人才可以说是最重要的，企业要做大做好，就要重视人才。如果修长城，人才就是基石；如果建大厦，人才就是栋梁；如果搞企业，人才就是成功的保证。如果想把企业做大，不想当一个小作坊主，那就必须重视人才，人才是成功的保障。总而言之，现代企业间的竞争，其实就是企业人才之间的竞争。谁拥有了人才，相当于赢得了克敌制胜的法宝。

可是换个角度来看，有了人才，却不一定能有效地将人才利用起来。因为有很多管理者不懂得知人善任，白白浪费了优秀人才。

刘邦一统天下后，在一次大宴群臣时，总结了自己胜利的原因："若论运筹帷幄之中，决胜千里之外，我不如张良；若论镇守国家，安抚百姓，供给粮饷，不绝粮道，我不如萧何；若论集结百万雄兵，战无不胜，攻无不克，我不如韩信。这三个人都是人中豪杰，我能任用他们，让他们充分发挥自己的才能，是我夺得天下最重要的原因啊。"而他的对手项羽，骄傲自大，刚愎自用，连自己的亚父范增都容不得，更别说善用贤者，最后落得个乌江自刎的下场。这也是给管理者的一个深刻教训。

刘邦之所以取得了最后的胜利，主要是因为他会用人，也就是做到了"人尽其才，物尽其用"，世界上没有两片相同的叶子，也不会有两个相同的人。团队里的成员也是一样，每个人都会有自己独特的性格特点。管理者不能一概而论，要根据员工的性格特点和能力，把他们放在适合自己的工作领域中，合适的位置才有利于长处的发挥。

作为管理者，不仅要考虑人才自身的种种因素，还要充分考虑其间会发生的种种问题，所以实行起来会有一定的难度。任何人都有自己应有的位置，将一个人放在适合他的位子上，才能更好地发挥出他身上的潜能。既然为人才选择合适的岗位如此重要，那么管理者应该怎么做，才能真正做到"人尽其才，物尽其用"呢？以下几点，可供大家参考。

1. 尊重人才

这就要求，企业和管理者做到"以人为本"。人才只有得到了应有的尊重，才会热情和积极地投入创新中，用知识创造财富，使科研成果迅速转化为商品，在市场竞争中赢得优势。

2. 了解员工的性格特点

十个手指不一样长，团队里的员工也一样，每个人都有自己独特的性格特点。优秀的管理者要学会按照下属的性格来安排工作，用不同的方式下达命令，给予条件和平台充分发挥他们的长处，这样大家都会高效地完成任务。

3. 了解员工的专长

管理者必须了解员工的专长。每个人都有自己的特长，有的人适合做企划，有的人适合谈判，还有的人适合做产品研发……管理者要让他们做到“术业有专攻”，分配合适的岗位，发挥他们最大的价值。

所以，一个优秀的管理者，不仅是一个维持秩序的人，更是一个用人高手。把合适的人放在合适的岗位上，对管理者来说是一个考验。每个人都希望自己的价值能够最大化，这就需要管理者做出很大的努力。一旦做到了“人尽其才，物尽其用”，那么成效将会大大提升，从而实现经济价值的最大化。

调节员工情绪，提高他们解决问题的积极性

员工不仅是企业发展的基础，员工的素质与活力也成为企业发展的根本动力。企业的发展需要一支训练有素、具有较强执行力的员工队伍的支持，同时，在企业发展 DE 过程中，要不断发展、提高员工素质，调动员工的积极性、主动性。只有这样，企业才能在竞争中发展壮大。

企业中，每个成员的力量都是不可小觑的。正是由于他们的存在，才

能推动企业和社会的发展。可是在整个浮躁不安的市场环境下，受到心理与情绪困扰的员工不在少数。要知道，员工的心态和情绪有可能影响到企业形象和组织绩效，如果管理不好，情绪很可能产生破坏作用，情绪波动无时无刻不影响着职场中人。

在经济高速发展的背景下，为了了解企业员工在高强度压力下的态势，某机构做了一个研究调查：他们抽取了不同企业的员工为样板进行系统调查。调查研究结果表明：有 54%的员工在调查问卷中显示他们的压力处于中等及以上水平。其中有 11%的人的精神压力已经达到或者超过心理承受能力的临界点。员工的身心健康正被巨大的职场压力和沉重的生存压力不断地侵蚀和击垮。从而引发了员工工作积极性的倒退、睡眠质量的降低、与子女和伴侣关系不良、上下级关系的激化等一系列问题。也影响了员工绩效、影响了家庭幸福感和人际关系的平衡。

日本是世界上自杀率最大的国家。日本的企业崇尚“军事化管理”，这从一方面导致了日本员工的自杀率居高不下。严格的企业管理在为日本带来经济快速发展的同时，也为日本的社会心理危机埋下了祸根。有许多企业在发展过程中都出现了员工因为心理压力太大而产生自杀的问题。企业为了实现经济利益最大化，难免会采取一些强硬的管理方法，这就会给企业员工造成很大的压力。在实现高效益的同时，如果管理者忽视了对员工身心的关注会产生严重的后果。

某企业接连发生的员工非正常死亡事件，给了管理者一个警醒。如今，情绪管理已成为企业管理中必备的课题之一。管理者需要面对的问题是，怎样调节员工情绪，提高他们解决问题的积极性？这个问题可以从以下几个方面进行解决。

1. 了解员工情绪低落的原因

要营造一个无压力的谈话氛围，进入主题前，要肯定他们的优点和过去的成绩，然后，指出员工现在的状态，再耐心询问影响他们工作积极性的原因。一定要让员工放下心来，坦诚相待，对你说出真正原因。只要找到“病因”，接下来解决问题就容易得多了。

2. 向情绪要效益

管理者可将情绪劳动与绩效考核相挂钩。实际上，员工情绪资源的运用对象主要是上下级、同事及客户，通过这些主体收集员工情绪劳动的相关信息，再通过绩效反馈程序，达到改善情绪工作、提高绩效的目的。

3. 建立有效的激励机制

可以通过建立有效的激励机制，包括薪酬激励、制度激励（包括奖惩制度、竞争机制、岗位机制等）、情感激励，建立优秀的企业文化等措施来提高员工工作的积极性。

生活中压力无处不在，适当的压力可以使人充实、上进，但是压力过大或者紧张感持续时间过长则会使我们的生活变形。而压力影响的不仅仅是个人，还包括公司整体的效能。对管理者来说，应该把员工的心理健康放在企业的竞争优势和企业文化建设中去，保持员工良好的情绪，调动他们工作的积极性，提高工作效率，以促进企业高效、健康地发展。

调用资源，帮助员工快速达成目标

一些管理者会在工作中帮助他们的员工重新开发和利用他们的“资源”，并找到解决问题的方法。其实，在这种情况下，管理者可以把“资源”定义为员工解决问题的方法。这样理解的话，员工的资源包括个人的努力、团队精神、对公司的忠诚度，也包括一些个人的具体能力，如处理问题的能力、沟通的技巧、专业技能等方面。此外，客户资源也是一个重要的方面。其实，不管是员工还是企业管理者，最后的目的都是获得资源，获得客户。

商场如战场，在瞬息万变的经济市场中，胜败乃兵家常事。但换个角度思考，塞翁失马，焉知非福。与对手较量的失败，会给你深刻的教训或启发。失败意味着浪费资源，丢掉客户，而丢失客户会使你更加关注客户，以客户为中心。当我们不断地改进和完善后，失败可以转化为成功。

在工作中，每个人都不是万能的，我们会遇见各种各样的难题，这时员工会进入“瓶颈期”，工作得不到进展，这时就要发挥管理者的作用了。帮助员工开发资源或者调用自己的资源，来寻找解决问题的办法。怎样做才能调用自己或者员工的资源，使他们快速达成目标呢？我们可以从以下几个方面做起。

1. 利用自己的资源帮助员工发现资源

人在高压下，会遗忘很多东西。面对的问题越困难，就会觉得压力越大，处理问题更是没有头绪。这时管理者就得帮助有困难的员工厘清头绪，提出解决问题的办法，帮助员工发掘他们以前忽略的资源，帮助他们快速达成目标。

2. 从不同的角度来发现资源

凡事都有两面性。任何事物都有好的一面和坏的一面，员工产生的困难和问题也有例外的情况。当换个角度去思考发生的问题时，其实我们也就构思了部分解决问题的方案。在我们不断地思考和寻找中，就会发现可以利用的资源越来越多，这样就会找到充分的资源来解决问题，完成任务，达成目标。

3. 相信能找到资源

要想在工作中迅速地发现问题并解决它，这就要求管理者有一双敏锐的眼睛，能够发现资源。也许，开始时很难，但只要经过训练和仔细寻找，确定目标后，我们就会找到更多的资源。如果一段时间后，还是没有确定资源，这就要求给予自己鼓励，从而产生积极的情绪，促进团队的成功。

4. 反复过滤资源

在工作中一定要养成记录和反思的好习惯。每天总结工作中进行和发展好的事情，记录曾经用过或者正在用的资源。并对近期的工作进行总结和反思。然后，团队成员一起分享经验和学到的东西。时间久了，我们会发现团队里的每个成员都充分利用了资源，同时提高了工作效率，并很快达成目标。

每天花 10 分钟帮助从未主动找你求助的员工

毋庸置疑，人是企业构成的基本要素。而人才，是企业最重要的资源，关系着企业的可持续发展。但对企业来说，人才还是相对稀缺的，如何把“人”变为“人才”，这也是企业管理者需要重点思考的问题之一。

一名优秀的管理者要起到承上启下的作用，对上要汇报任务和工作情况，对下要落实管理。作为中间的纽带对企业的发展起到不可估量的作用。管理者，最重要的职责是管理和使用好公司最重要的资源——人。

在这方面，很多管理者都有做得不好的地方，那就是他的职责是培养和发挥一群人的能力，最后却只培养了一个人。企业和团队的发展只靠一个人才是不够的。作为管理者，一定要跳出本身的局限，尽可能培养出更多的人才来推动团队和企业的发展。当然，培养一个人和几个人容易，培养一群人就需要耗费更多的时间和精力。但是既然发现了问题就需要想办法解决，这时你可以使用排除法来解决这个问题。

管理者必须了解和熟悉团队里的每个成员，了解他们的长处，清楚他们的不足，做到时刻掌握他们的工作状态。有的成员对待工作积极主动，他们会主动地向你汇报工作，碰到难题时会向你寻求帮助。这非常有利于管理者具体问题具体分析，帮助员工解决困难，并会在恰当的时候给予栽培。与此相反，还有一些员工，从来都不会主动地找管理者谈话和汇报工作。管理者想要得到更多的人才，就要充分挖掘这些员工的才能与价值。在这时，管理者需要做的是，每天花 10 分钟帮助从未主动找你求助的员工。管理者可以具体参考以下几种做法。

1. 首先表示欣赏

谈话要有个良好的开端，管理者和员工之间要建立和谐的关系。而建立良好关系的基础，就是对员工的尊重和欣赏，肯定他们以前的成绩。这样做后，你会发现你和员工之间紧张的气氛会变得轻松，更利于后面的谈话。

2. 不强制性地干预

对于积极寻求帮助的员工来说，强制干预会帮助他们解决问题。但对于没有寻求帮助的员工来说，管理者主动或强制性地干预他们的事情，反而会使事情变得更糟糕，使他们产生抗拒心理，如果这样就得不偿失了。所以，管理者要审时度势，在恰当的时机提出帮助，这样问题就得到解决了。

3. 主动发出帮助的信息

一些员工迟迟没有提出需要帮助，原因可能是他们不相信自己可以得到帮助。这些员工产生这样的想法可能源自缺乏自信，缺少解决问题的信息。这时，你可以给他们确立自信，并提供更多的信息，让他们了解改变是有可能的，看到了解决问题的希望，他们就会主动地行动，最终也会提出帮助的请求。

只有每个员工的辛勤努力才能共同推动企业的发展。只有员工主动接受任务、承担责任才能构成企业有效行为，才会促进效率的提高和经济的发展。所以，管理者要充分挖掘、开发和利用每一个资源，来实现公司的快速和可持续发展。

高效利用流程图，用最少的时间取得最大的成果

流程图是使用图形表示算法思路的一种方法，它能把繁杂的关系用一张图概括出来。在企业管理和团队管理中，流程图像指南针一样指引你前进的方向，并告诉你解决方案最短的路径，流程图会帮助你快速解决问题，为员工和公司获取更大的利益。

在工作中，管理者如果能利用好流程图，会对自己的管理工作产生很好的帮助。流程图可以帮助我们发现工作中的错误。如果我们发现自己的管理或者处理事情的方式不对，你就可以用它找出其中的错误。流程图的应用会让你做出的决定最优化，可以避免很多错误的产生。管理者也会在流程图的利用过程中得到经验。因为管理者很容易把自己固定在一个模式之下，学会高效利用流程图后，可以从多角度考虑问题。时间久了，处理

起问题来也就得心应手了。

在工作中，管理者扮演着多重角色。当你与员工一起工作时，你会作为高层员工向上级汇报工作。当你作为团队管理者时，你还要管理手下的员工。所以在你干预的一开始，大家并不在流程图上的同一位置。这就给管理者出了一个难题：当大家处在不同位置时，如果产生问题要如何处理呢？

对于这个问题，管理者可以针对不同位置上的人加以区分。把你的上司，对你发号施令的人归类于委托人。把你的员工归类于直接客户。明确他们在流程图上的地位后，管理者要选择性地对流程图上关系较薄弱的一方加以处理和维护，让你的委托人和直接客户在流程图上最终到达相同的位置。如果在流程图上你不能很好地处理这个问题，这会大大降低你的工作效率，让你的工作发生混乱。

作为管理者不可能只面对一个员工，你可能领导一个团队。如果面对单个员工，那么你们的关系会在流程图上清晰地表达出来；而当你领导很多人时，许多方面都要涉及，不同的成员分布在流程图的不同位置，这时难度大大增加了。此时，管理者可以从以下几个方面做起。

1. 进行人员规划

在流程图上把每个人所处的位置规划和标记出来，使复杂的关系得到简化。

2. 确定目标

在运用流程图之前，要制订计划和最终的目标。在干预和处理事情的过程中，要接受不同的意见和答案，努力让流程图上的每个人实现自己最大的价值。

3. 分清主次

在解决问题时，要按照流程图上人员分布的主次来实行干预。从需要管理和帮助的人开始，然后再对流程图中靠下的位置的人进行干预。

流程图在工作中占有很重要的地位，充当着指南针的角色，为管理者提供正确的方向，并告诉你能做和不能做的事情。在工作中，环境和人员会不断地变化，在流程图中你和他人的工作关系也是一直变化的，这就要求你要不断地整合和创新。作为管理者，带领团队高效完成任务、创造价值是最重要的事，你要相信，流程图会是你重要的帮手。

学会放权，把权力授予信任的人

思想家韩非子曾说过这样一句话："下君尽己之能，中君尽人之力，上君尽人之智。"这句话同样可以运用到企业管理中。在工作中，管理者要敢于放权并善于放权。这既是管理者成熟的表现，又是管理者取得成就的基础和条件。

在企业创立的初期，一些企业由于资本和人员缺少，需要面对和处理的事情也少，管理者事必躬亲，全权负责的做法很常见。但是，当企业规模逐步扩大、成熟时，管理者就要学会放权了，把手里具体的工作分工给下属，扩建团队，用团队管理取代个人管理，这才是健康和高效的企业管理模式。

但是，现在也有很多企业管理者总是不愿放权，把它牢牢地抓在手里，几乎做到了事必躬亲，下属毫无意见地执行他们的决策，企业文化也沦为"一把手"文化。

一位专家曾这样说过："管理者 80%的工作都是可以授权的。"其实，一个被工作弄得焦头烂额的管理者，只需要把权力适当下放给下属，就可以更高效地工作，他们可以利用更多的时间来思考公司发展的战略，或者好好放松和休息……

如果管理者不懂得合理放权，只信任自己，要管理的事情就太多了，不仅会把自己累坏，也会让下属的能力退化，让下属感到不被信任，甚至养成依赖性，更不会对工作产生积极性和创造性，这都不利于企业的长期发展。

可能一些管理者内心也有挣扎过，在放权和不放权之间犹豫不决。自古以来，权力的诱惑都是巨大的，很多人都很享受权力在握的感觉，管理者也不例外。他们会想：放权是不是代表弃权了呢？把权力交给不合适的人，企业的情况岂不是越管越乱？管理者的这些考虑，其实都是对下属不信任的表现，担心下属能力不足或害怕下属滥用权力。

这时，管理者首先要明白，放权并不等于弃权。你可以给予下属充分的权力去处理问题，但最终的权力还是掌握在你的手上。管理者一旦做出放权的决定后，就要给予下属充分的信任。古语有云："用人不疑，疑人不用。"这句话很容易理解，你想想看，如果连最基本的信任都做不到，更何谈用人？就算管理者在无奈之下放出了权力，但如果总疑心自己的下属，也很难起到很好的效果。

所以，优秀的管理者，不仅懂得怎样放权，更懂得如何去信任下属。领导只有信任下属，才能得到下属的感激和全力工作的回报。管理者给予下属的信任和下属的业绩成正比，人们都希望得到领导的信任，对此也愿意付出自己最大的努力。如果下属在得到权力之后，依然感觉不到领导的信任，他的工作热情和效率也会随之下降，严重者还会出现消极怠工心理。这时，作为一个聪明的管理者，就要学会放权，把权力授予信任的人，让他们为自己创造更多的价值。

怎样放权，并让他人替自己创造更多的价值？管理者可以从以下几个方面进行参考。

1. 明白放权的重要性

杰克·韦尔奇说过："管得越少，成效越好。"作为管理者，为了企业更好地发展，必须敢于放权，这样不仅分担了管理者的工作，还会培养出更多的人才为公司服务。只有懂得了放权的好处，才能学会放权。

2. 合理授权

管理者要合理授权，衡量一下哪些权力可以下放，哪些权力不能随便下放。一定要切记，最终的决策权和财政大权是一个企业和组织的命脉，管理者一定要慎重对待。

3. 充分信任下属

任人之道，要在不疑，宁可艰于择人，不可轻任而不信。善于用人的管理者，绝不会轻易地怀疑自己的下属，要充分信任下属。信任的力量是无限的，领导的信任是赢得员工付出真心的关键因素。

企业管理者的首要任务是一手抓种子，一手拿化肥和水，让种子成长。让你的公司发展，让你身边的人不断地进步和创新，而不是控制他们。所以在管理中，管理者要学会放权，将权力授予信任的人，让他们不断地学习和进步，从而实现双赢、共同实现企业高效和快速地发展。

危机发生时尽快做到止损

美国气象学家洛伦兹曾发表一篇论文说：亚马孙流域的一只蝴蝶扇动翅膀，会掀起密西西比河流域的一场风暴。洛伦兹把这种现象称作"蝴蝶效应”，它的意思是在一个动力系统中，初始的一个微小的变化能带来整个系统长期而巨大的连锁反应。

“蝴蝶效应”这个原理被人们广泛应用到各个领域中。在管理学中，这个原理告诫管理者，不要放过一点儿小的变化，它们有可能引起巨大的隐患。如果不能及时发现并处理这些隐患，在条件成熟后致命的危机一定会爆发。

生于忧患，死于安乐。无论是个人还是企业都要时刻保持危机意识。而作为企业的管理者更要如此。

华为技术有限公司总裁任正非曾说：“十年来我天天思考的都是失败，对成功视而不见，也没有什么荣誉感、自豪感，只有危机感。也许就是这样才存活了十年。我们大家要一起来想，怎样才能活下去，才能活得久一些。失败这一天一定会到来，大家要准备迎接，这是我从不动摇的看法，这是历史规律。”如果管理者没有危机感，肯定会产生骄傲情绪，会乐观地认为企业已经走上了快速发展的道路，更不会产生危机意识，时间一长，就会变得懒散起来，从而失去竞争力，从而被对手超越，最后也会被市场淘汰。所以，作为一名管理者，培养员工的危机意识很重要，这样不仅能预防更大危机的出现，还能使团队团结起来，形成强大的战斗力。

其实，在企业的发展过程中，危机是不可避免的。这就要求管理者高度警惕那些毫不起眼的小危机，如果不及时修补和处理它，可能给企业带来无法挽回的损失。商场瞬息万变，企业每天都在面对新的变化，随时出现新的危机，如果不把它们扼杀在萌芽中，就会引发更大的危机。

千里之堤，溃于蚁穴。小小的过错可能会带来极其严重的后果。所以作为管理者，一定要在危机发生时尽快做到止损，避免产生更大的损失。在危机发生时，管理者要做到以下几个方面。

1. 稳定人心

危机发生时，管理者要保持冷静和乐观的态度，即便没有想到解决的办法，也不要慌张。因为在这种情况下，员工的心是慌张和无措的，管理者要用态度去感染他们，稳定他们的情绪。同时，管理者的淡定与坚强能让员工坚定自己的信心，与管理者一起共渡难关。

2. 立即做出决策

面对危机时，很多人会犹豫不决，做不出决策。作为管理者不能眼睁睁地看着事情恶化，让解决危机的时机白白溜走。即使面对危机没有办法，不能做到当机立断，也要快速分析形势，立即做出决策。

3. 学会取舍

当危机发生时，管理者一定要冷静处理，迅速采取补救的措施，可以多研究几个方案，然后在里面选取收益最高和风险最小的那一个，及时弥补漏洞才是管理者高效能的表现。

4. 发挥带头作用

危机发生时，管理者要发挥带头作用，首先冲上去，替员工抵挡更大的风雨，并给员工坚定的信念，冷静地指挥团队战胜危机，走向成功。

危机是任何人都不能避免的事。管理者能做的就是在危机发生时，不惧怕危机，带领团队在危机中寻找机会，抓住机遇。

高效沟通必备的六大素养

日本经营之神松下幸之助说：“企业管理的过去是沟通，现在是沟通，未来还是沟通。”美国学者罗吉思也说：“如果我能够知道他表达了什么，如果我能知道他表达的动机是什么，如果我能知道他表达了以后的感受如何，那么我就敢信心十足地果敢断言，我已经充分了解了他，并有足够的力量影响并改变它。”这都是沟通力的重要作用。

沟通是通往别人内心的桥梁，一个团队想要高效运转离不开沟通。每个人的性格和特点都是不同的，团队成员也是。成员之间个性不同，能力不同，各个方面都存在差异，很难形成一致性，在一起工作一定会有分歧。沟通的目的是让意见不同的人达成共识，让大家能齐心协力朝着一个共同目标努力，如果管理者在这方面没有协调好，会影响团队的凝聚力。

众所周知，沟通是需要语言表达的。弗洛伊德也认为，语言是人类的基本工具，具有特别的力量，语言和魔法是同一回事。直到今天，语言仍保持着许多神奇的力量。管理者要想充分利用这个魔法，就要懂得沟通，学会沟通。那么，怎样做到高效沟通呢？要做到高效沟通，管理者要具备以下几点素养。

1. 乐观、勇敢

要做到高效沟通就要不害怕当众讲话，可能每个人都有一定程度的交流恐惧症。成功学之父卡耐基告诉人们，不必胆小地躲在自己给自己设定的框框中，我们应该采取热情主动的态度与人交往，不然恐惧会严重降低沟通的效率。此外，我们应该不停地学习，用知识来弥补自己的不足，提高自己对事物的认知，扩大认知视野。

2. 培养自信

如果你在口才和沟通上存在不足，你也不要贬低自己。你可以根据自己的不足，在与人沟通前计划好谈话的主题和方案，或者自己提前预演一遍，不用多久，你就能找到适合自己的沟通方式，并进行高效的沟通。

3. 真诚

真诚的言辞更能获得人们的信任。有人说:“每件事都得看说者的态度,而不是说者讲了些什么。”作为管理者与他人沟通时,要想让他人信服,说话时必须有真挚的感情,单纯快速地说话少了诚意也就没了吸引力。管理者只有用真诚的态度打开对方的心,最后才能实现有效沟通。

4. 合理运用肢体语言

卡耐基说:“如果你想表现出优雅的形象,并准确传达信息,那么最好说什么话就用什么样的体态。”所以在与人沟通中,不同的体态也影响着讲话者所传达的信息。有科学调查显示,在讲话者所要表达的所有信息中,通过非语言渠道传递的信息占了93%,其中38%来自声音、语调等;55%来自手势、表情、肢体语言等体态。管理者要充分运用自然的姿态,做到有效沟通。

5. 沟通方法因人而异

只有两个人互动才叫沟通。沟通不是一个人的事,这就要求我们必须考虑交流对象的情况。因为每个人都是不同的,不管性格、受教育程度、成长环境,还是心理素质。想要达到高效沟通的目的,管理者要尽量使用适合对方的表达方式。在与人沟通前,应该详细思考以下几个问题:要对谁讲,将要讲什么,为什么要讲这些话,应该如何讲。

6. 说话要有分寸

在与人沟通中,你可以勇敢地把你自己的想法表达出来,但这并不意味着你可以无所顾忌地想说什么就说什么。与别人交流还要掌握分寸,要注意说话的程度、说话的场合、说话的禁忌。不要不分场合乱说话,也不要说你不应该说的话。管理者也是这样，尤其在面对下属时，更应该控制好自己的态度，给员工留下个好印象，这样才能让员工敞开心扉，从而实现有效沟通。

沟通是连接管理者和员工之间重要的纽带，高效沟通也会提高两者之间的工作效率，产生经济效益。所以管理者一定要学会高效沟通。

第九章

懂得沟通，让执行更顺畅

如何与偏执者达成共识

在工作和生活中我们可能会遇到偏执者，偏执者的性格是这样的：主观意识强烈，以自我为中心，自尊心强，情绪波动大，容易激动。而且偏执者一般都很固执，只要是他认定的事情，不论别人怎样阻止和劝说，都很难改变自己的主意。

事实证明，一些事情根本不需要分出胜负，因为大部分辩论的结果都是辩论的双方比以前更坚信自己的意见是正确的。即使最后，我们把对方反驳得体无完肤、无话可说，赢得胜利，可我们还是失败的，因为我们的做法只会让对方觉得受到了羞辱，证明了自己的无能，甚至产生怨恨。那么，试想一下，如果我们的沟通对象是个固执、敏感、易情绪激动的人，我们的反驳就像是对他的刁难和侮辱一样，对方怎么可能心服口服，这样一来，我们之间怎么可能沟通成功？

作为一个管理者，在工作中会接触各式各样的人，其中肯定也会有性格偏执的人。他可能是挑剔、暴躁的上司，也可能是性格敏感、易激动的下属。总之，我们不可能避免与他们进行沟通和来往。

这样管理者就会面临一个难题：怎样才能与偏执者之间做到有效沟通呢？怎样才能说服偏执者放弃自己的执念与他们达成正确的共识呢？想要与偏执者达成共识，管理者应从以下几个方面进行学习。

1. 不要发生争辩与冲突

要想与偏执者达成有效沟通，就不要与他们发生争辩和冲突，要巧妙地运用技巧，用宽容和平等的态度对待他们。人都是站在自己的角度去看待和处理问题的，所以不能说自己的观点绝对正确。当别人对待问题有不同意见时，我们应该理性看待。即使对方的意见并不正确或表达尖锐，你一开始也不要打断对方的话，要认真听清对方表达的意思，才可以与对方好好沟通。

2. 要换位思考

聪明的管理者是不会直接与对方争论的。我们要学会换位思考，站在对方的角度看待问题，要让对方觉得你是在为他着想，这样才会让他心悦诚服，最终达到沟通成功的效果。

3. 转变对方的思想

管理者在劝告或说服他人改变或者完成一件事情时，最简单有效的方法就是让他清楚和客观地认识事情。让他们知道哪些事情是对的，哪些是错的；哪些是能做的，哪些是不能做的。帮助他们认清事实后，你就可以与他们达成共识，形成有效沟通。

4. 满足对方需求

每个人做事都有各自的目的和需求，所以在说服他人之前，要先了解他们的心理需求。管理者也是，在与偏执者进行沟通之前，要先了解他们心里的想法，在做到准确了解后，再进行攻心战略，这样会使双方的沟通更加有效。

5. 使用“柔情策略”

林肯说：“一滴蜂蜜要比一加仑胆汁更能招引苍蝇。人也是如此，首先你要让人相信你是最忠诚的朋友，然后就像有一滴蜂蜜吸引他的心，自然也就有一条平坦的大道通往他的心里。”管理者想要走进偏执者的心里，就要不惧怕和偏执者沟通，也不要采取激烈和粗暴的方法让他们改变主意，要用温柔的态度去对待和劝说他们。

在工作中，管理者一定要切记，与个性偏执的人相处和沟通时，用强硬的态度对待他们是不行的。即使发生了冲突，也一定要保持冷静，不要把对方的态度放在心上，先整理好自己的思绪，想好对策，用合适的语言和沟通策略与偏执者达成共识，引导他们做出正确的决定和选择。

如何激励内向自卑者

性格内向的人，一般会觉得自己在任何方面都比别人差，在这样的心理压力下，他们会陷入强烈的自卑中，每天战战兢兢，也会把平时不起眼的小事放在心上，总对自己的失误念念不忘，这样就会造成恶性循环。如果员工以这样的精神面貌对待工作，肯定是有百害而无一利。

心理学家认为，性格内向的人外表看起来逆来顺受，没有主见，其实他们的内心有更好的理想追求，也渴望改变自己，这也是性格内向的人有强烈上进心的表现。也有科学研究表明，性格内向者也比一般人更有创造力。

开创了“自由特质理论”的科特尔教授，在现实中是一个超级内向者。他也是个成功的演说家，有一次，他接受著名脱口秀主持人佐斯奇的采访说：“每次等演讲结束后，我都会躲进第九个厕所间。”而佐斯奇也说：“每次节目结束后，我会躲进第八个。”这并不是节目里的一个笑话，事实就是这样的。其实，为了更好地生存，现实中有很多人都处在某种程度的外向伪装中。但内向者会在一定情况下超越自己的性格限制，并会发掘出更大的价值。所以，管理者不要把激励内向者奋斗当成很困难的事情。虽然内向者可能会因为自卑或条件不佳等原因对工作不竭尽全力，但管理者只要学会正确的沟通方式，对内向者进行激励，就会发挥出他们的最大的潜能和价值。

那么，管理者要如何激励内向者，让他们对工作和生活充满热情，并发挥自己的潜能呢？管理者可以从以下几个方面加以学习。

1. 站在内向者的角度考虑

在与人沟通中，我们要学会将心比心，站在别人的角度思考问题以减少沟通障碍。做好这一点，在与内向者的沟通中显得尤为重要。管理者与内向者的沟通中，要做到理解和尊重。尝试着把自己放在他们的角度看待问题。当管理者这样做时，就会增加沟通的顺利程度。如果不能做到这些，管理者就不会与内向者达成有效的沟通，还会让内向者产生戒备与敌对心理，这样会得不偿失。

2. 用赞美和欣赏的眼光看待他们

每个人都希望自己得到别人的欣赏和赞美，尤其是内心自卑者。他们对自己没有自信，更希望得到别人的认可和欣赏。他们就像一棵在沙漠里干渴无比的树，而别人对他们的肯定就像甘霖，你可以想象赞美和肯定对内向自卑者的重要性。管理者要很好地运用赞美的力量，在无形中激励他们，从而使他们不停地进步和改变自己。

3. 感性影响和理性影响相结合

管理者可以选择感性和理性相结合的方法来激励内向者。管理者可以运用一些感性和激励性的语言来感染内向者，把他们的情绪调动起来，这样的方法就是感性影响。理性影响就是管理者把内向者所面临的问题，用科学和事实进行充分分析，从理性的角度来说服他们。只要把这个方法科学合理地运用起来，相信管理者能激起内向者的自信和激情。这样也会调动起他们工作和生活的激情和乐趣，从而实现他们的自我价值和人生追求，最终管理者也会实现高效管理。

激励对内向者来说，好比那黑暗中的指向灯。在彷徨和无助时，激励给予他们前进的动力和方向。没有激励，人就很难行动起来。管理者要经常对内向的员工进行激励和关注，让他们从内向和自卑中走出来，对自己的生活和工作充满自信和激情。

如何获得挑剔者的赞同

在工作和生活中，我们可能会遇到这样的人，他们对别人的要求很高，会对别人的行为做法处处指责和挑剔，包括对同事、家人、朋友，甚至也对自己。可能这些挑剔者以此为乐趣，就喜欢挑出别人的毛病，即使是做得很好的事情，他们也会“鸡蛋里挑骨头”，想方设法挑出毛病。可想而知，我们要是与这样的人进行沟通得是多么可怕的一件事啊！

过分挑剔者有两种人：第一种是完美主义者。这种人除了对自己严格要求、标准很高以外，还经常处处严格对待别人，总是挑别人的毛病。有专家分析，这样的行为其实并不意味着他们有足够的底气，可能是他们在别人身上看到自己不具备的品质，内心觉得不平衡，产生自卑感。为了平衡自己的内心，他们可能会采取挑刺的方式，以此在别人身上获得自以为是的优越感。第二种人对别人挑剔的原因是他们的嫉妒心，此类人爱争强好胜，他们会把自己的朋友、同事、同学，甚至亲人，都放在竞争者的位置。

只要在某方面有超过他的人，他就会心理不平衡，一般不会采取积极的行动努力赶超超过他的人，只会对他的“敌人”处处为难、挑剔。

在工作和生活中，和挑剔者一起共事是不可避免的，改变不了别人，那就改变我们自己。为了能与他们更好地沟通，我们要学会怎样和挑剔者沟通并获得他们的认同。作为管理者，学会与挑剔者共事，也是一件极其重要的事情。那么管理者应如何获得挑剔者的赞同呢？管理者可以从以下几个方面学习一下。

1. 不要争辩，保持沉默

对待爱挑剔、喜欢处处找事的人，千万不要直接与他争执。这时，如果你和他们理论，只会把事情变得更加糟糕。既然语言不能解决问题，那么就先保持沉默，保持沉默并不意味着理屈词穷，因为有时候沉默比争辩更加有力量。所以，面对挑剔和挑衅，管理者不要气愤，要冷静下来，用沉默来回答。

2. 给对方表现的机会

每个人都希望自己在别人心里很重要，希望得到别人的尊重和肯定。其实，很多挑剔者都有一些自卑，他们挑剔别人是因为自己被肯定的欲望没有得到满足，所以采取这样的做法来吸引别人的关注，获得自以为是的满足感。

3. 赢得他们的信任

信任是沟通的桥梁，也是建立良好人际关系的基础。尤其是面对挑剔者，取得他们的信任很重要。在与挑剔者相处时，管理者要做到不断地完善自我，不要被挑剔者挑出毛病，一旦被他们抓住缺点，再想重新获得他们的信任和赞同就很难了。管理者要学会站在挑剔者的角度看待问题，此时就会明白他们的心理和需求，这样沟通起来就顺畅多了。要想获得他们的信任就要真心接纳他们，认可他们，从而获得他们的认可。

4. 赞美他们、满足他们的需求

很多挑剔者处处挑别人的毛病，有时候是因为自己技不如人，从而产生了嫉妒和不满的心理，既然他们想要通过这样的方式来获得别人的关注，那么我们为何不满足他们的心理呢？三人行，必有我师焉。每个人的身上都有值得我们学习的优点和长处，可以真诚地给予他们赞美，得到认同后，挑剔者也会对你刮目相看。所以，管理者要真诚地赞美和满足挑剔者，这样也会得到挑剔者的赞同。

过分挑剔不但会影响人际交往，严重时还会对自己和他人造成伤害，所以管理者一定要运用合理的方法与他们进行沟通。虽然想要获得他们的认可很难，但只要做好以上几点，相信管理者在工作中，能够得到他们的认可，从而实现高效能的工作成果。

如何与陌生人迅速建立关系

卡耐基曾说过："应酬是一件日常生活中令我们很头疼的事情，尤其是和陌生人接触时，更容易让我们产生抵抗心理。然而，我们又必须学会和陌生人打交道，并在其中寻找乐趣。"是的，不论是在工作还是在学习中，甚至在人生的道路上，我们会遇见形形色色的陌生人。我们在与陌生人沟通或相处时，总会存在各方面的困难，相比和熟悉的人沟通，与陌生人在很短的时间里建立关系，这就有些难办。作为管理者也是，你不可能总是局限在一个固定的关系圈里发展，你要为了你未来的发展拓展人脉，积累更多的资源。公司的员工在不断地流动，管理者要想做到高效管理，应该具有迅速与新员工打成一片，建立良好关系的能力。要与陌生人迅速建立关系，管理者要做到以下几点。

1. 记住对方的基本信息

与陌生人相处时，我们能做的事情很少，因为大家互相不了解。一点也不了解也没关系，在对方把称呼和基本信息都透露出来时，管理者要做到牢牢记住他们的名字和其他的信息。尤其是名字，这个千万不要弄错。如果把名字都记错的话，不仅让对方觉得不开心，这也是对你形象的损害。在记住他们名字的同时，也要留心对方透露出来的其他信息，这样会更加全面地了解对方。在下次见面时，如果你能准确地叫出他们的名字，或谈一些他们感兴趣的话题时，他们就会觉得自己受到了尊重，那么他们的戒心就会下降，你们之间的沟通会顺利很多，管理者也会很快地和他们建立良好的关系。

2. 做到真诚的关心

要想与陌生人迅速建立关系，管理者还要做到引起他们的注意。怎样引起陌生人的关注呢？只有一个诀窍，就是真诚地关心对方。只有做到设身处地地为对方着想，真诚地关心对方，了解他们的需求和难处，这样你就会吸引和感动对方，做到有效沟通了。

3. 善于倾听

想得到陌生人更多的信息，我们要学会倾听，保证对方有足够的话语权。管理者想要与陌生人迅速建立关系，就要仔细倾听对方的话语，当我们认真听对方讲话时，对方会觉得我们没有敷衍他。如果管理者想要达成自己的目的，就要让对方多说话，让他自由表达自己的想法，也不要随便打断他的话。

你的尊重会使他收获满足感，这样一来，你们之间的沟通就不会存在障碍。

4. 谈论对方感兴趣的话题

谈论对方感兴趣的话题是吸引对方注意，实现与陌生人沟通的关键因素。人总是对自己喜欢的东西感兴趣，也会经常谈论自己喜欢的东西，谈论别人感兴趣的话题不仅会让沟通变得简单，也会让对方喜欢上你。

5. 态度友好

在与陌生人相处时，由于彼此之间没有相处经验，所以发生冲突是可以理解的。当双方发生分歧时，管理者要用友善的方式进行解决和沟通，谁都不会轻易改变自己的想法，态度友好地相处总比争吵和愤怒更有利于解决问题。在友好和平静地面对事情后，管理者要平静地面对这些问题，在磨合和相处中，大家的沟通也会变得简单起来。

委婉批评，让对方更易接受

在待人接物中，委婉含蓄地表达是一种语言艺术，而直言直语是一把伤人伤己的双刃剑。这就要求我们与别人相处和共事时，不要直接指出别人做法中的不当或提出批评。可能你的出发点是好的，但直言直语会有很大的杀伤力，很容易让别人下不来台，轻则导致被批评者恼羞成怒，重则让别人怀恨在心。所以，采用委婉一点的方法提醒或批评别人，其效果要远远好过直言直语。

这个道理在企业管理中同样适用。管理者要学会借助语言的力量管理他人，委婉地把话表达出来，别人会乐意和自觉地接受批评，并在行动中改正错误。

弗兰克是纽约一家百货公司的老板，他对待那些犯错误的员工，就喜欢用委婉批评的方式对他们进行教育。当然，总是会起到很好的效果。弗兰克为了及时掌握公司发展的动态，每天都去公司检查工作情况。有一天，他刚走进公司，就看见一位女顾客站在展示商品的橱窗前，并不断地四处张望。很显然，女顾客看中了这个商品，想让营业员把它取出来观看一下。可是，等了一会儿也没有营业员过来为她服务。弗兰克感到很奇怪，向周围观望了一下，原来，员工们都聚在一个角落里聊天呢。看到这个情况，弗兰克并没有生气，也没有大声斥责、批评他们，他立刻走到那位女顾客身边，把她看中的商品拿出来，并详细地介绍了商品属性，帮她挑选好商品后交给营业员包装，等一切事情处理好后，弗兰克一言不发地离开了。那些营业员看到老板的行为后十分羞愧，都立刻回到自己的工作岗位上。从此，大家对待工作更加积极和认真了。

管理者要懂得应用批评，让批评对员工的工作起到激励和鞭策的作用。弗兰克是一个聪明的管理者，他巧妙地利用了批评，很好地改进了员工的工作方式，也促进和提高了管理的绩效。但也有调查结果显示，很多企业和组织因为批评不当造成机制僵化、组织成员缺乏创造力和积极性的情况。所以，管理者想要实现高绩效的管理，就要对犯错误的员工进行委婉的批评。管理者要想实行委婉的批评，让对方更容易接受，就要做到以下几个方面。

1. 先坦诚自己的缺点，为批评做好铺垫

其实，要一个人主动承认自己的错误是很难的。如果管理者批评别人，在这之前应该先坦诚和谦逊地承认自己也不是十全十美、不会犯错误的。在真诚和友善的沟通后，再向别人指出他的错误，那么被批评者就会很容易接受你的指责了。

2. 先礼后兵

在企业管理中，管理者可以充分运用先“礼”后“兵”，就是在对员工进行批评之前，要有一个很好的铺垫。先肯定和赞美一下对方，这样就会形成一种良好的谈话氛围，然后把话题引向批评，这样对方就会更好地接受批评了。

3. 不要当众进行批评

如果员工不是犯了不可饶恕的错误，就不要就他的问题进行当众批评。每个人都有自尊心，管理者当众批评会伤人面子，即使对方真的犯了错误，必须得到管理和改正，管理者也不能当着很多人的面来教育和指责他，可以采取委婉的方式，把他叫到办公室，把错误指出来，然后指引他想办法改正过来，这才是最好的方法。

说话这门艺术，我们还得加大力度进行研究，同样，批评也是。不论是谁，一定要记住，当众抨击别人是错误的。一些事情，如果能用委婉的话来进行表达，别人也会从心里感谢你。管理者要想获得上司的信任和员工的支持，就要学会批评这门艺术。管理者一定要利用批评的激励作用，来鼓励员工帮助自己实现管理的最佳效能。

让恰当的赞美成为沟通的润滑剂

如果说沟通是人际交往的桥梁，那么赞美就是沟通的润滑剂。既然赞美能够赢得对方的好感，那么在与人的沟通和相处中就应该不吝啬语言去赞美对方，这样更有利于双方的沟通。

事实上，我们大部分人都没能很好地利用赞美去获得别人的好感。在这里要明确一点，赞美绝对不是阿谀奉承或拍马屁，如果真的这样做的话，别人只会感到反感和厌恶，更别说双方的关系进一步发展了。所以，我们要注意赞美的方式。如果赞美不当，很有可能会引起别人的反感和厌恶，也会让人感觉你这样是另有所图。因此，赞美一定要做到恰当、有分寸，让别人真正感到开心和快乐。

在企业管理中，赞美的力量也是无限巨大的。一位著名企业家曾说过："世界上有两件东西比金钱和性更为人们所需——认可与赞美。"在工作中能做到真诚赞美下属的领导，能让他们的心理上得到满足，也会提高他们工作的热情和积极性，进而激发他们的潜能，会更好地为公司创造更大的价值。既然赞美那么重要，那么管理者应该如何给予别人恰当的赞美来赢得认同呢？

1. 做到真心赞美

赞美需要我们发自内心地欣赏和夸赞别人，只有这样别人才能感到我们的真诚。如果只是随口说几句动听的话语，别人也会感觉到敷衍和虚伪。所以要想赢得别人的好感就要做到真心赞美，如果做不到，那就继续保持沉默，不要让别人对你产生虚伪的印象。

2. 赞美要适度和得体

有句话叫过犹不及，任何事情都得有个限度，赞美也是。过分的夸赞就失去赞美原本的价值和意义了。所以，赞美要适度，不要让别人以为你是在拍马屁。此外，赞美要得体。作为管理者，不管是赞美上司还是下属，一定要充分考虑对方的年龄、职业、身份和喜好等。

3. 赞美要真实、具体

在赞美和夸奖别人时，一定要按照他的实际情况来进行赞美。例如，可以赞美他的优点、长处和身上所具备的闪光点。赞美的内容一定要真实。在夸奖别人时，你连自己都说服不了，怎么可能让别人相信你说的话呢?

4. 赞美要及时

赞美别人还有一个要求就是要及时。机会不等人，一旦抓住了，就要好好地利用。当我们今天发现别人穿了一件很漂亮的衣服，那么就请及时对他进行赞美。别等对方走远，或者已经穿戴好长时间了你再提起，就不会发挥它的作用了。管理者也是，在员工做出业绩后，要及时赞扬，要是错过了时机，表达的效果就差很多了。

我们中国人不习惯赞美别人，在这方面外国人就要好得多了。外国企业在这方面也比中国企业更胜一筹。他们会在下属工作业绩优秀时，很自然地拍拍下属的肩膀，并及时送上一句赞美。其实，别小看这一个小小的举动和一句话，它们会对下属产生很好的激励作用，这也有利于彼此之间关系的团结和发展。

管理者想要员工用最好的状态对待工作，就要使用赞美这种最实用、快捷和经济的办法。员工只有拥有了自信和工作热情才会保证工作的质量并顺利完成工作。企业管理者也会因此提高自己的高效管理，从而走向成功。

巧妙谈判，在谈判桌上实现双赢

谈判无时无刻不在我们的生活中，我们每天都要多次与人进行谈判，只是我们从没意识到而已。在生活中我们也扮演着各种各样的谈判者，而处在职场上的人，谈判对他们来说更是家常便饭。

一提到谈判，大家往往会想到商务谈判：谈判双方在谈判桌上，为了各自的利益据理力争分毫不让。会为了合同上的某个问题争论得面红耳赤。在最后没达成协议，谈判双方互相注视默默无言而陷入僵局……这些场面时常会出现在谈判中。在商务谈判中，谈判双方要达成一致意见，肯定有着一定的共同利益，而其中也存在商务利益和立场的冲突，在冲突中实现双赢才是谈判的本质。

谈判是解决难题的一个有力工具，它也能帮助我们捍卫自己的利益。而作为一个管理者，总会遇到谈判的场合。管理者一旦在谈判中达到成功，就可以帮助企业或个人摆脱困境，从而实现谈判的胜利。而谈判的胜利也意味着对企业高效能管理的实现。

谈判是一种充满智慧的游戏，具有一定的趣味性和刺激性，同时也是一种很有挑战性的工作。因为谈判是一种从多方面融入的可理解和务实的系统，所以管理者要想在谈判桌上成为谈判高手，就要掌握一定的谈判技能。那管理者要怎样才能在谈判桌上实现双赢，并体现高效能管理呢？

1. 营造良好氛围

在谈判前，营造一个良好的气氛是非常重要的。在谈判前，不要把谈判对手当成自己的敌人，与他们相处要像和朋友一样，用轻松的话题来开启谈判的大门。在气氛逐渐融洽后，管理者就可以进一步选择正式话题进行交流。管理者在谈判时要注意保持自己的形象，要做到自信、大方、友善……利用好的形象来创造友好的谈判气氛。

2. 主动打破僵局

在谈判过程中，每个人都想实现自己利益的最大化，但这种可能是很小的。所以，谈判双方很容易因为利益问题发生冲突，导致谈判容易陷入僵局。为了不使谈判破裂，就需要有人主动打破僵局。这时管理者就可以成为打破僵局的那个人。在出现僵局时，管理者要用积极主动的态度来唤起对方的回应。可以用一些轻松幽默的话缓解沉重的局面，其实在谈判中，想要获取最大的利益实现双赢，应该学会适当的妥协和让步。

3. 提出关键性问题

一个聪明的谈判者，会在谈判的过程中巧妙地向对手提出关键性的问题。在进行谈判时，我们不可能把对方的资料和底细全部弄清楚，这时就需要管理者巧妙地探取对方的底牌和有价值的信息。在谈判中合理掌握问话的时机，紧紧抓住机会，不要错失良机。

4. 勿忘谈判目标

一个优秀的谈判专家，在注意谈判细节的同时，又会时刻谨记谈判的目标，在谈判的过程中做到话不离题，最后实现谈判的成功。在谈判一开始，管理者就要做到开门见山，开场就点明谈判主题，让谈判对手按照我们的谈判思路走，并且准确地判断出对方的意图，让自己在谈判中处于主动地位。此外，在谈判中要有良好的心态，这样才不会轻易地被对方激怒，才能时刻记住自己的目标从而实现它。

我们的人生就是一个巨大的谈判桌，这要求我们学会必要的谈判技巧。随着社会不断地发展，我们认识的人也越来越多，谈判的领域也不断扩大。在商业领域，谈判更是一门需要管理者不断学习和进步的课程。所以，管理者一定要巧妙地运用谈判技巧，从而在谈判桌上实现双赢和高效能管理。

步步为营，有逻辑的演讲最具说服力

每个人都非常羡慕那些在台上侃侃而谈、激情澎湃的演讲家，也都希望自己的演讲能引起别人的兴趣、利用自己充满激情的言语和强大的感染力去影响别人。但事与愿违的是，你在台下可以滔滔不绝地面对自己的下属或同事说上一两个小时，但只要一上台，你可能连一句话都说不出来。出现这种情况也是情有可原的，因为我们没有在上台之前做充足的准备和训练。管理者也是，如果管理者想要凭借精彩的演讲去感染和鼓舞员工实现高效的管理，就要努力学习一下，让自己的演讲变得更精彩。

1. 有个好的开端

万事开头难，演讲要想得到别人的认可，就要拥有一个良好的开端，精彩的开始会拉近与听众的距离从而产生情感共鸣。管理者在演讲中也要做到这一点。想要演讲具有逻辑性，就要在演讲之前做好充分的准备，在表达上也要做到言语恰当，不要过于离谱，这样会得到听众的认同。

2. 用节奏控制气氛

作为领导者，不管是演讲还是其他的会议，控制和掌握整个会场的节奏是很重要的。在掌握整个演讲的主动权后，你会更从容地面对观众，从而达到你预想的演讲效果。在演讲中，管理者还要营造一种氛围，让语言形成一种号召力渗透到现场的每一个角落，到达听众的心里，这样你的演讲才会更有说服力。

3. 掌握好演讲时间

在企业中，时间比金钱更宝贵，管理者一定要充分利用好时间。管理者要学会灵活运用时间，在演讲过程中做到长话短说，简明概要，尽量压缩时间，让听众在最短的时间内听到最核心和最有价值的东西。

4. 观点要得到认同

要想让你的演讲更有说服力，就得让你的观点得到听众的认同。在演讲前，你可能会焦躁不安，不安的原因是你害怕观众会不认同你的观点，或者反对你的观点，从而使现场的气氛发生变化。此时，管理者要做的是在进行演讲前确立一个主题，要让演讲的观点更符合听众的想法，这样才能得到大家的认可，你的演讲也会更有说服力。

5. 演讲要让听众受益匪浅

演讲的目的就是传递一些有用的东西，给听众一个启示。作为一个演讲者，要让听众能欣然接受你的意见，并使他们受益匪浅。管理者在演讲之前，要明确自己演讲的内容，明确地把自己的想法和经验表达出来，听众才会觉得你演讲的内容真实、可信，更具说服力。

一个好的演讲的完成其实并不复杂，只要你肯认真准备、学习和训练，就可以取得成功。管理者想要演讲更具说服力和影响力，就要一步一步地计划好，做到环环紧扣、步步为营，这样做起来就会事半功倍。通过演讲的动员和激励后，企业员工也会提高自己的信心和动力，以更好的精神面貌去面对工作，最终实现高效能管理。

沟通不良时的七个解决办法

沟通是人与人之间连接的桥梁，良好的沟通也是走向成功的第一步。在企业管理中，一家公司由不同的部门和机构组成，而这些部门之间需要传递发生的信息，为保证信息顺畅传递，需要各个部门的员工来协调完成。

擅长沟通的员工对企业的发展非常有益，同样，管理者自身也需要有非常好的沟通能力。管理者做好了沟通，不仅会使自己的工作更轻松，还能增强企业的凝聚力和竞争力。

在与别人的沟通和相处中，我们会遇到不同的问题。为了不让沟通影响企业绩效的实现，管理者可以在沟通不良时，尝试采取以下几种办法进行解决。

1. 改变沟通的不良局面

在管理者与人沟通出现问题时，最好冷静处理，主动思考有什么办法来改变现在不好的状态。沟通的目的就是让双方进行更直接和有效的交流，在双方的沟通出现状况时，思考哪些办法可以打破僵局，让对方放下戒备重新沟通，这是很关键的一步。

2. 明确自己的想法

在想方设法恢复双方关系之前，管理者要明确对待这件事的观点和看法，把对这件事的定义理解清楚。沟通不良代表着与对方在对事情的定义上有不同的看法，为了更明确地分析原因达到有效沟通，管理者需要清楚地把事情分析好，这也会为以后的再次沟通做好准备。

3. 多角度考虑问题

在沟通被阻碍时，管理者可以多角度考虑问题，既可以从对方的角度来理解自己的行为做法，也可以从更多的角度思考和解决问题。在问题发生后，也要多反思自己当时的行为积累经验。

4. 继续沟通的价值

在沟通被打断无法进行时，管理者要冷静思考一下，在这件事情上是否还有回旋的余地，是否有继续沟通下去的价值。如果有意义，管理者一定要想好策略，继续进行有效沟通；如果没有意义，管理者可以放弃继续沟通，把时间用在更有价值的事情上。

5. 双方再次进行有效的沟通

沟通失败后，管理者要寻找一个合适的机会，让双方进行第二次沟通。沟通之前，管理者要做一个承诺或道歉，让他认识或了解目前的状态。在明白目前的状态后再进行沟通。只有沟通良好，才能让对方把自己真实的想法告诉你，管理者在明确对方的心理后，也能采取一定的方法去改变现在的状态。

6. 思考以后的行动

在做到以上的要求后，管理者还要思考如何做更有效的沟通，能让彼此在沟通上更进一步。沟通最终的目的还是解决问题，实现有效沟通。所以，在沟通不良时，管理者要未雨绸缪，提前想好解决问题的办法，为下一步做好准备。

7. 总结经验

在不良沟通发生后，管理者要及时记录这些事情，为进行下一步工作做好准备。在面对问题时，不要总是感到麻烦，一切发生和经历的事情都是宝贵的经验。管理者要经常总结发生这些事情有什么好处？只要有这种想法，任何事情都会迎刃而解了。

第十章

精诚合作，利用合作提升战斗力

广交良友，广结善缘

有句话说得好“没有永远的朋友，也没有永远的敌人，只有永远的利益”。在激烈的商业竞争中，没有哪个盟友是终身的，也没有哪个对手是永远的。商场瞬息万变，在朝夕之间敌友的位置可能就会发生改变。现在商界提倡“战略联盟”，就是与同行甚至竞争对手之间结成联盟，一起分享资源，共同抵御危机，开创新的辉煌。这些就要求管理者正确处理敌友关系，做到“广交良友，广结善缘”。

当今商场如战场，竞争十分激烈，一不留神就会被对手蚕食，成为他人成功的踏板。为了保住各自的利益，让自己得到更好的发展，人们开始重视人脉，不断发展和巩固自己的盟友，他们既可以帮自己搜集一些商业信息，又可以在面临危机时向他们寻求帮助。事实也证明，人脉不发达很难在社会上生存，更何况一个企业。但管理者在广结朋友、发展人脉时要特别注意一点，就是要注重结交朋友的质量，不要只重视数量。我们可以想想，自己的朋友有很多，但真正称得上朋友的人有几个。朋友不仅是你有了成绩会来锦上添花的人，还是在你有了困难需要帮助时，能给你雪中送炭的人。

作为管理者，肩负的责任很重，也会更加需要人脉，但管理者绝不能随便结交朋友。要结交益友、结善缘，不能结交损友、结恶缘。好的朋友会给你的事业带来帮助，而损友会损害你的事业和名声。

在激烈的商业竞争中，危机时常发生，管理者不可能每次都那么幸运，总会有失利的时候。这时管理者就需要朋友的帮助来渡过危机了。那么，在复杂的人际交往中，管理者该如何做到“广交良友，广结善缘”，从而实现高效的管理绩效呢？

1. 首先提升自己

都说“物以类聚，人以群分”，你是什么样的人，你结交的朋友也会是什么样的。管理者想要结交到对自己有益的朋友，就要不断提升自己。只有我们变得足够优秀，才能遇到更好的人。要想得到别人的关注并成为朋友，身上得有吸引他的品质。

2. 学会分辨益友和损友

管理者在不断发展人脉的同时，要有一双火眼金睛分辨出益友和损友。也许你的朋友够多，但很多都是一些饭桌上的朋友，也就是酒肉之交，其中不乏一些心术不正的人。当遇见困难时，你能指望他们给予帮助？那是不可能的，他们绝不会雪中送炭，只会落井下石。作为管理者，在交友方面一定要擦亮自己的眼睛，让良友帮助自己实现事业的成功！

多一个朋友，多一条出路。管理者在工作中要广结良友，广结善缘，重视起人脉的作用，充分利用好资源，为企业与自身的发展打好基础。

寻找合适的合作伙伴

“团结就是力量”这句话告诉了我们人多就是力量，只有通过合作才能产生更大的力量，才能让我们顺利轻松地到达成功的彼岸。

当今时代是一个市场经济的时代，市场经济的发展离不开与各种类型人才的合作；当今时代也是一个竞争的时代，只有选择合作，才能变成最有竞争力的一个。都说三个臭皮匠顶个诸葛亮，只有合理运用各类人才，才能把事情做好，把事业做大、做强。

商场如战场，各方在商界中争斗，稍不留神就会被对手吞食，成为别人迈向成功的垫脚石。在激烈的竞争中，管理者不可能每次都能躲开危机，总会有受到损失的时候。甚至可能在危机时期，很难凭借自己的力量冲破困境、转危为安。为了保证自己的利益，为了让企业得到更好的发展，管理者要学会在日常工作中寻找合适自己的合作伙伴，这样不仅可以在面临危险之际寻求帮助，还可以让管理者实现资源的高效整合和充分利用。

管理者想寻找合适的伙伴、用合作实现高效管理应该做到以下几点。

1. 看对方人品

蒙牛董事长牛根生说过：“德才兼备破格使用；有德无才培养使用；有才无德坚决不用。”找合作伙伴也是同样的道理。管理者想要寻找一个合适的合作伙伴，最重要的就是看对方的人品怎么样。诚实守信，是基本的商业道德，也是做人最根本的品质。一个人的道德修养也会体现在其他方面，如果你的合作伙伴是一个道德修养很高的人，那么你们之间的合作会很愉快。最起码你不用担心合作伙伴会不讲道义，做出背叛和出卖你的事情。所以，人品是挑选合作伙伴最重要的一个条件。

2. 资源互补

管理者想要找合作的人，就是希望对方能拥有自己欠缺的能力和资源。试想，如果两者得以结合，肯定会起到事半功倍的效果。管理者寻找合作伙伴考虑的方面有很多，如我们的执行力很强，就可以找一个能出谋划策的人来进行合作；企业要在一个陌生领域开发新项目，就可以找一个有行业背景的人来进行合作；公司刚刚起步，没有足够的资金维持运营，就可以找一个财力雄厚的人来进行合作……这都是企业发展的硬性要求，管理者一定要严格把控好。

3. 目标一致

很难想象你的合作伙伴和你有不同的奋斗目标，如果双方连努力的方向都不一样，你们的合作也将面临失败。找一个志同道合的合作伙伴也是这个道理，只有双方目标一致，就会共同努力朝着一个方向发展。如果目标不同，使多大力气也是在做无用功。

4. 可以共同承担责任

企业的发展是一个不断摸索和前进的过程。而与他人的合作也是一个不断磨合和改进的过程。管理者与合作伙伴不仅要做到资源共享、互相依靠、共同努力，还要一起面对在合作过程中出现的风险和困难，简单来说就是能做到一起承担责任。双方只有把各自的责任承担起来，才能确保合作关系长久地进行下去。

5. 能做到随时进行沟通

双方进行合作都是为了各自的利益，大家是一个利益共同体，为了维护自己的利益，避免误会、达成统一意见，就需要双方进行及时和主动的沟通。

合作伙伴的存在能够让管理者减轻压力，使管理更高效一些。管理者谨记，合作伙伴的选择非常重要，这是一件很谨慎的事情。如果选择了一个不合适的合作伙伴，会阻碍公司的发展和自己的管理绩效，甚至会让你们的合作成果毁于一旦。合作有风险，选择合作伙伴须谨慎。

制定愿景，一路同行

在安徒生的童话中，关于愿景的含义可以用其中的一个故事来诠释：丑小鸭在芦苇荡里，看着在天上自由飞翔的白天鹅用渴望的语气说，那就是我的愿景。

从这个角度来看，愿景的含义有两层：一是指那些想要实现的愿望，二是想要实现的未来蓝图。

就企业而言，愿景是企业更高层次的追求，一个企业要想产生巨大的向心力，树立共同的愿景是必不可少的。共同愿景能把企业员工紧密连接在一起，协同工作，并互相产生亲切感和信任感。在共同实现共同愿景的过程中，会激发员工的工作积极性，为企业发展提供了源源不断的动力，也会帮助管理者实现高效能的管理。

企业愿景是企业最高管理者对企业未来的设想，是对企业的长期愿望及未来状况组织发展的蓝图，也是企业发展方向及战略定位的体现。愿景除了为企业发展和奋斗提供方向，还为企业提供一股强大的驱动力。共同愿景就像企业发展道路上的指南针，在遇到困难、挫折，甚至迷失方向时，它能使每个成员认清目标，共同努力前进。企业愿景的制定和实施不仅能推动企业的成长和发展，还能快速提升管理者自身领导力及管理能力。

萧伯纳曾说："生命中拥有一个至高无上的愿景是多么让人高兴的事，当你为实现它献上自己全部精力的时候，它成为一种来自内心的强大力量，你的人生也会发生改变，不会仅局限于一隅，你会拥有广阔的天空。"既然愿景如此重要，那管理者该如何制定企业愿景以实现自己高效的管理呢？为促进企业发展实现高效管理，管理者可以从以下几个方面做起。

1. 民主协商

管理者在制定共同愿景时，一定要避免以自己的意志取代共同愿景。在实际工作中，由高层宣布的愿景常会令人感到失望，即便为员工着想，但也会带有一定的强制性。所以，管理者在制定愿景时要做到以人为本，与员工一起协商，在得到员工的支持后，愿景的实施会更加顺利，并且工作效率的提升也会提高管理效能。

2. 分阶层制定愿景

企业是由不同的员工组成的，这些员工也会分布在企业内部不同的阶层。企业中不同位置的人，因为所担负的职责不同，面临的问题也不同，会对愿景的含义有不同的理解。员工希望自己的利益更多点，而企业管理者一心想让企业变大变强……所处的阶层不同，愿景也会不同，这就要求企业管理者在建立愿景时，将各个阶层的愿景分开制作，各阶层的愿景要与总愿景相协调，在各阶层愿景实现后，企业总体愿景也将会实现。

3. 分阶段制定愿景

做事情要做到具体问题具体分析，制定企业愿景也是。企业愿景是一个长期宏远的目标，虽然目标远大，但不利于员工执行具体工作，目标太长远会让人产生厌烦和枯燥的心理，而不愿意继续努力工作。为避免出现这种状况，管理者要让员工看到目标的可实现性，对目标进行阶段性分解，一步一步实现最终目标。

愿景是企业发展的指向标，指引企业前进发展的方向。制定愿景后，管理者可以通过愿景来指引和管理员工，在带领员工不断地实现指定的愿景时，也实现了自己的价值和高绩效的管理。

鼓舞团队士气，引爆团队能量

政治家马克斯·韦伯说："人是社会性的动物，只有在集体中才能更好地体现人的价值，脱离了群体的人是没有任何社会意义的。"

员工是企业的一分子，不管我们处在团队的哪个位置，我们每一个人的存在价值都是通过自己在团队中的责任表现出来的。个人的价值体现需要团队来实现，而企业向心力的形成，也离不开团队的力量。由此看来，团队的力量是巨大的。而想要发掘和引爆团队力量就得充分鼓舞团队士气。

在现代，士气主要表现为一个人在学习和工作上的意志，还表现为一个团队一往无前的斗志。英国元帅蒙哥马利说过："我认为，士气是战争中最重要的、唯一的因素，没有高涨的士气，则不论战术、战略，计划以及一切其他工作如何完善，也不能取得任何胜利。士气和信心对于军人保持勇敢的行动和稳定的情绪有很重要的意义。"

在企业管理中，团队士气也是如此。随着全球性经济危机的爆发，不少企业发展都面临着危急的时刻，也许有的公司并未受到重创，但受紧张气氛的影响，公司上下早已陷入一派末日来临的颓废现象。经历过此次危机的企业家不禁感叹：企业里员工的士气最为重要。士气相对于企业其他的成本是最低的了，但它能产生和发挥巨大持久的威力。团队的士气也是至高无上的，如果一个团队组织没有士气肯定会失败，企业的经营可以没有一流的设备和人才，但必须有一流的士气。

作为管理者可以利用团队士气来整合有效资源提高自己的管理绩效。培养团队士气，也就是在培养员工的责任感和工作态度。士气不是凭空说几句口号就能培养和带动起来的，它更需要一种责任感和价值观的约束。

管理者要在一定的利益和心理需求方面满足员工，如果管理者不能有效地整合起一支有战斗力的团队，员工的能力得不到施展，就会离开团队去寻找能实现他们价值的地方。如果管理者能打造出战斗力很强的队伍，员工在顺利完成工作的同时也会获得很大的满足感和荣誉感，这时他们就会拥有饱满的士气。那么，管理者该怎样提高团队士气呢？

1. 以身作则、身先士卒

雷·克洛克说："要推动工作，应该调动人的求胜欲望，而不是采取威胁或恐吓的手段。"作为团队的管理者，自己必须积极主动地走在冲锋和前进的路上，为下属开路搭桥，身先士卒，以身作则，让下属跟随自己的脚步前进。这样下属会有一个学习的榜样和动力，而不是被动和无措地等待机会。做到了这一点，团队成员的士气和工作积极性都会提高。

2. 肯定员工价值

员工来工作，当然希望自己的工资越多越好，但每个员工也都清楚自己的能力和位置，知道自己的能力和付出要和薪酬成正比，一个理智和聪明的员工不会有过分的薪水要求。员工工作的目的还有提升自己，积累工作经验，这样他们才会得到更多的报酬和更好的工作来实现自己的价值。团队管理者想要更好地鼓舞和提升员工士气，就要尊重和肯定员工的价值，并能够真心感谢员工的付出。

3. 合理分配

管理者要做到合理分配薪酬。同一团队中，在按劳分配的原则下，还要体现公平的规则，要是成员之间的差距太大，会造成一些人的误解。

4. 为员工选择合适的岗位

要根据员工的能力安排合适的岗位，做到充分利用人才，给予他们足够的发展空间，让员工能够实现自己的价值，只有体会到工作的快乐，才能爆发出最大的能量。

士气是高效团队的精神，一个团队只有拥有强大的士气，才能在困难面前无所畏惧；一个管理者只有提高团队士气，才能实现优异的业绩和高效的管理绩效。士气是取得成功的关键，管理者一定要重视。

向对手学习，让自己更加强大

一位著名的体育教练曾说过："竞争对手是每个运动员最好的教科书，谁要想战胜竞争对手，就必须向竞争对手学习。"在职场上，一个想要得到晋升的员工同样要懂得向竞争对手学习的道理。对手就像一面镜子，能真实地反映自己，我们可以通过对比认识到自己的不足，更加完善自己。作为一名在职的员工，你要时时面对各种各样的竞争，你的竞争对手也是来自多方面的。面对众多的竞争对手，你必须有向他们学习的勇气，努力学习他们成功的经验，让自己尽快实现成功。

日本著名企业家福富在 17 岁时，进入了一家公司工作。当时公司里都是一些资历较深、富有经验的老员工。福富因为年龄小、资历浅，经常受到老板的训斥和老员工的轻视，他的处境很糟糕。在这种情况下，福富并没有因此而畏惧退缩，相反，他把这些当作机遇，总是力求在"挨骂"中学到一些东西。福富下定这样的决心，当再次面对他们时，不再惊慌逃避，而是主动地向前鞠躬行礼并谦虚地打招呼说："我资质较浅，难免有做得不对的地方，请您多指教！”久而久之，老板和前辈不再摆架子，常常给他指出应该注意和改正的地方。福富对于这些意见都虚心接纳，然后按照他们的指点改正自己的缺点，努力让自己把事情做得更好。功夫不负有心人，两年后，公司老板表达了对福富的欣赏，并让他担任了公司部门的经理。只有19岁的福富战胜了公司里面许多老员工，成为最年轻的经理。福富的成功源于他主动创造和把握住学习的机会，虚心向竞争对手学习。

比尔·盖茨曾公开宣称：“微软离破产永远只有18个月。”作为全球科技的巨头企业，如果不能顺应时代的发展，关注竞争对手，不断地改进和学习，可能也会在瞬息间消逝。那么管理者该怎么向竞争对手学习，让自己更强大呢？

1. 全面了解对手

知己知彼，百战百胜。在激烈的竞争中，企业之间竞争主要通过对实际情况进行全面、详细、深入的了解来分析，做出符合企业实际情况的战略政策和应对措施。企业在向竞争对手学习之前，一定要对对手的各方面资料进行全方位的分析和了解，不仅有利于更好地学习，还会帮助我们去超越和打败对手。

2. 取长补短

在向竞争对手学习时，要取其精华，去其糟粕，也就是取长补短。世界上没有完美的人，也没有完美的对手。我们可以虚心地学习他们的长处，来弥补自己的不足。不仅如此，我们也要多加注意对方的不足，以此来警示自己避免犯同样的错误。

向竞争者学习是管理者最直接、最有效的学习方法，管理者想要在激烈的竞争中立于不败之地，就要坚持向竞争对手学习。

做一个可靠和值得信赖的人

明朝著名清官海瑞一生为官清廉，多次为了天下百姓冒死进谏。万历十五年，海瑞在南京病危。消息传到京城，万历皇帝得知后，立即派人送去赏银并探望这个为国为民的忠臣。派来的官员到达南京把赏银交付给了海瑞后就离开了。后来，海瑞家人清点银两时发现有多给的银子，于是就把这件事情禀告了海瑞。此时的海瑞已经病入膏肓，但他听说这件事后，立即让家人把多出的银子如数退还。当多出的银两退回京城时，海瑞已经病故了。万历皇帝听说这件事后，不禁感慨道："海瑞真是清官的楷模，是我大明百姓和朕的依靠。"海瑞之所以能获得这种地位，是因为正直守信的品格，他把忠信作为立身之本，才赢得了朝中上下的尊敬和百姓的爱戴。

那么，管理者如何能成为更高层领导的依靠？如何能得到同级人的信任？如何能成为下属学习的榜样？总而言之，就是如何成为一个让别人觉得可靠和值得信赖的人？

在企业中，管理者直接负责的是你的员工。对于员工而言，虽然他们选择的企业不可能让他们直接取得成功，但员工到公司工作，就等于把自己的前途交付给了公司。员工可以很努力地工作，但公司能不能给员工及时提供一个好的平台呢？对于所在企业的发展前途，员工还是很关心的，有抱负的员工不仅为了赚取生活的薪水，还想通过工作来实现自己的人生价值，企业需要为员工提供一个好的晋升通道和发展前景。

当企业管理者能做到真心为员工着想，员工肯定会觉得这个公司或者这个领导很可靠，会认定在这家企业工作能让自己获得成功。

那么，管理者该如何成为一个可靠和值得信赖的人呢？

1. 正直守信

管理者想要获得别人的信赖、做一个可靠的人，首先要在人格魅力上不断地提升和修炼自己。人无信则不立，诚信是做人的根本，管理者不论对谁都要信守承诺。这个社会，聪明的人有很多，但大家往往不喜欢太聪明的人，所以管理者要切记吃亏是福，不管与谁共事都不要太在乎那点蝇头小利。管理团队不仅要使用成绩来管理，更需要用人格魅力来管理，只要做到这一点，管理者也就相当于成功了一半。

2. 公平待人

公平说起来简单，但要做到实际上是很难的。管理者想要获得员工的认可，还要在工作中做到公平、公正地对待每一个人，只有做到公平合理，才能保证管理制度有效而顺利地实行下去，这也是管理者高效管理的体现。

一个人一生中如果能让人觉得靠得住、信得过，是件非常不容易也是非常可贵的事。管理者能让员工信赖，被当作主心骨，一心追随，这个管理者也是成功的。所以，管理者要成为让人信赖的人，让强大的人格魅力为自己实现高效的人力资源管理，从而带领员工走向成功。

敞开胸怀，博采众议

在现实生活中，大家大多有过这样的经历。在某个问题上与别人有不同的意见或观点不一致时，你可能会与他争辩得面红耳赤，也可能会觉得对方总是不能理解你而恼羞成怒。大部分人都会认为自己的观点是正确的，别人是错误的，并会想尽办法去说服对方认同自己的观点。但人都是固执的，当对立双方都采取固定的思维模式，很难讨论出问题的结果。双方有时不仅达不成共识，甚至还会争吵到不欢而散。这时，我们犯了一个愚蠢的错误，那就是失去了一次补充和完善自己想法的机会。

但是如果两个人的意见一致，其中一个人的意见必定是多余的，意见相同的人沟通起来毫无益处，意见有分歧才会有收获。如果一位有才智的人与他人的意见和观点不同，那么对方的观点肯定有他尚未体会的奥妙，值得好好学习。不管在工作还是学习中，与人合作就要注重学习和体验与自己完全不同的世界。

为了发展自己、丰富自我，我们要学会去尊重差异，更要敞开胸怀，博采众议。

而团队合作中，我们也要做到尊重差异，管理者要鼓励团队里的每个人积极阐述自己的建议，要认真、用心地听取他人的想法，在广纳意见的同时还要做到独立思考，形成自己的想法，而非盲目地人云亦云、随波逐流。在接纳别人意见的同时，也会提高我们自己的工作效率，让自己博采众长并高效地完成工作。在工作中，我们要广泛地接受别人的意见和建议。那么我们具体该如何实行呢?

1. 态度谦虚

金无足赤，人无完人。人都不是十全十美的，任何人都有缺点和不足。我们只有通过与他人的比较，才能看出自己的不足。在别人与自己的观点不同或出现错误时，要虚心接受别人的指导。一个人的眼界毕竟是有限的，比你有才能的人有很多，在看出自己的不足后，更要谦虚地学习，学习一切让自己进步的东西。虽然相比一般的员工，管理者的阅历和经验会更丰富一些，但肯定也会有欠缺的地方。这就要求管理者谦虚学习，不断地进步。

2. 移情倾听

每个人所处的位置不同，考虑事情的角度也会不同。别人的意见有时可能很难理解，这就需要我们学会移情倾听，站在别人的角度认真思考问题，这样对方的观点就会很好理解了。做到准确理解别人的意见后，再加以整合发挥，这样会起到事半功倍的效果。

在与别人的相处中，不要只听到别人的赞扬，还要做到广纳良言，接受自己的不足，正确剖析自己，找到解决的办法，不断提高和改进自己。一定要记住，高效工作不仅是埋头苦干，还要去吸取别人的经验来实现自己的成功。

修炼个性魅力，做一个受欢迎的人

人际关系是一种基本的关系，同样也是一种复杂的关系。为了能更好地发展，我们应该处理好各种人际关系。但事实上，我们常常为各种复杂的人际关系感到苦恼。尤其在市场经济下，经济利益几乎是衡量一切的标准，人们更加真切地想获得他人的信任、理解和友谊。但是良好的人际关系取决于交往双方，只有彼此之间互有好感，才能使双方的关系得到良好的发展。

一位著名经理人说过："有些人生来就有与人交往的天性，他们不论是对别人还是对自己，他们的言谈举止与举手投足之间自然得体，散发着别样的魅力，可以丝毫不费一点力气就能得到别人的关注和喜爱。不论这是天生的还是后天努力的，他们的结果，无非是博得别人的善意，而那获得善意的种种途径和方法就是人格的发展。"

人格魅力是指一个人在性格、能力、气质、道德品质等方面具有很吸引人的能力。一个人要是很受别人的欢迎、喜爱，那么他实际上也就具备了一定的人格魅力。

由此可见，人格魅力的力量是巨大的。一个卓越的管理者，强大的人格魅力是必不可少的，它是人际交往的一张通行证，也是完成高效管理的必备条件。管理者应怎样修炼自己的魅力，做一个受朋友喜爱、受下属尊敬的人呢？

1. 自信

自信是一个人成功的重要因素。管理者要相信自己，并在公众面前展现这种自信，而这种自信会转化为外在力量，如坚定、强势，这样的管理者无疑是受人欢迎的，这样下属和朋友都会认同他。“一个人，若是相信自己，征服世界也会指日可待。”这是一句古老的格言，但它真实地表达出了自信的力量。

2. 榜样

一位著名的管理者在总结成功的经验时说：“创业的时候，我没有给员工提供高报酬，我凭什么吸引人才？就凭借我能力强、多干、拿的钱少，吸引更多志同道合的朋友。”不管在公司发展的哪个阶段，管理者都要做到身先士卒，冲在前方带领员工奋勇向前。身为管理者，要求别人做到的事，自己要首先做到。管理者的领导力不是靠语言表现出来的，而是靠行动做出来的，用规定把自己约束起来，让自己成为大家的榜样。管理者做好了榜样，管理起员工来才能得心应手。

3. 大气

一个人的品格高不高，要看他对待朋友的态度。同样地，一个管理者的品格是否高尚，要看他对待下属的态度。如果管理者没有容忍之心，会有失领导风度。对待朋友没有宽容之心，非君子所为。所以，做人还是要大气一些。大气是一种优秀的品德，一个优秀的管理者往往会具备这些品德。我们不是圣人，都是会犯错的，对下属和朋友的过失，要以宽容的心去对待，这样不仅会拥有一个高效合作的团队，也会拥有一群真心的朋友。

4. 自律

不会自我约束的人，他的工作和生活都会变得一塌糊涂。一个优秀的人，你会发现他们做事不慌不忙，井井有条。而作为管理者，你会发现领导力的本质不是管理别人，而是自我管理。管理者想要得到别人的尊敬和认可，就要做到严于律己。一个不能自律、控制不了自己的人，很难管理别人，所以管理者要做到自律，并形成一种优秀的品格。

人格魅力还包括无私、专注、担当、沉稳、幽默、诚信等。在人际交往中，你建立起来的人际关系越好，交的朋友越多，就越能获得和增加自己的力量。管理者想要获得更多人的欢迎和信任，就要不断修炼和塑造自己，以此达到有效的人力资源管理。

发挥集体的智慧和力量

团队的发展和扩大不仅仅依靠管理者来维护和建设，企业和团队的发展要依靠每一个成员的力量来实现。

总之，企业只有在管理者与下属的共同努力下，才能健康发展。但在企业发展的过程中时常会出现各种各样、大大小小的问题。对于企业来说，只有解决好这些问题，才能通顺无阻地继续发展。管理者不要小看或者忽视这些大大小小的问题，如果不能及时发现或解决这些问题，想要取得好的业绩就是异想天开。

作为管理者，解决问题的责任便落到管理者身上。这时，就需要管理者承担起责任，找到解决问题的办法。但一个人的力量或精力毕竟有限，面对简单的问题还可以从容应对，在危机时刻，仅凭借管理者个人的能力，企业可以在危难时刻得以保存吗？答案是很难，一个人的能力和精力毕竟有限，管理者要发挥集体的智慧和力量，把团队建设成一支高能且高效的队伍。

为了避免因个人能力与精力的不足使团队出现危机，管理者应该在团队内部实现合作。整个团队就是一棵大树，树根负责吸收地下的养料和水分；树干负责运输养料和水分，并支撑整个树冠；树枝要把养料和水分传输给树叶；而树叶要负责进行光合作用。管理者要充分利用每个成员的力量，发挥出他们最大的价值，做到遇到问题有人负责。那么，管理者该如何操作才能解决好这个问题呢？

1. 留存有当

相对于管理者来说，员工的能力和资质毕竟是有一定差距的。管理者在给员工分配任务时，一定要考虑分配的任务，员工有没有能力完成它。如果分派的任务太难，就会打击员工的积极性。管理者要根据员工能力的不同，来分派难易不同的任务，这样一来，团队的工作效率就会大大提高。

2. 进行悉心的指导

管理者在把任务分配给他们的同时，还要耐心指导他们该怎样去做，管理者有责任为他们指明方向，提供服务和帮助。授人以鱼，不如授人以渔。管理者要引导并教会员工正确处理问题的做法，时间长了，团队成员的能力会得到飞速提高。

3. 明确自己的责任

管理者有责任教育与指导员工，而在管理者把任务分派给员工时，同样员工也得明确自己的责任。这个问题非常重要，不要等到问题与漏洞出现时，员工之间互相推卸责任，找不到负责的人。如果真是这样，这也是管理者无效管理的表现。所以，团队成员之间一定要明确好各自的责任。

著名管理学家布朗认为，管理者如果想发挥管理绩效，就得勇于承担责任。一个团队和组织要想达到高效管理，团队里的每个成员都要一起承担责任、解决问题。

用企业文化塑造向心力

日本“经营之神”松下幸之助曾说:“公司可以凭借自己高尚的价值观，把全体员工的思想引导到一个难以到达的至高境界，也会产生意想不到的激情和干劲，这才是决定企业成败的根本。”

德国航空公司有一次因为乘客数量较少，不足以开动飞机，于是航空公司决定让乘客改乘另一架飞机。询问过乘客的意见后，其他乘客都同意，只有一个美国老太太无论怎样都不肯改变自己的主意。无奈之下，德国航空公司专门为这一个乘客飞行了这趟航线。从经济上来说，德航的做法是耗成本的，但德航公司虽然失去了物质利益，却为员工树立了一种企业精神。

而企业精神的建设需要另一个核心——企业文化。在员工共同建设企业价值观的基础上，又产生了企业文化。企业文化会对一个企业的生存和发展产生极大的影响。管理者之所以不断地强调和建设企业文化，就是因为企业文化会带来向心力，具有一种非常重要的凝聚功能。企业文化的根本是以人为本，把员工放在首要位置。企业文化的建立目的就是让员工之间形成一种强大的向心力和凝聚力。在共同价值观形成后，员工就会把自己的命运与企业联系起来，把工作看成实现共同价值的重要部分，把企业当作自己的家，加倍努力完成自己的工作为企业创造绩效。

企业文化塑造的向心力，可以实现员工高效的工作与团队的凝聚力。企业管理者应如何打造优秀的企业文化、塑造向心力呢?

1. 以人为本

一个企业想要打造一个好的企业文化，就要充分做到以人为本，这是企业文化建设应遵守的重要原则。企业文化的建设要把关注人的价值、激发人的潜能、尊重人的个性作为立足点。争取塑造良好的工作环境，让员工对企业产生归属感和成就感。打造优秀的企业文化要广泛发动整体员工的参与，要听从员工的意见，努力让员工主动了解企业文化建设的内容，这样的企业文化才能体现员工的意志。

2. 强化领导责任

在建设企业文化的过程中，管理者是主要负责人，也是关键人。管理者要高度重视，认真规划，才能取得好的效果。企业管理者想要企业文化有实效，就要从长远角度考虑企业文化，确定企业文化的内容和目标，要明确到具体的部门和员工。在管理者的领导下，让员工广泛参与企业文化的制定，这是合理和高效的管理办法。

3. 塑造核心价值观

核心价值观也就是企业核心的团队精神。价值观是企业的文化核心，推动大家朝着一个方向去努力发展。管理者在打造企业文化时要考虑企业需要什么样的企业文化，员工需要具备的品质有哪些。正像一个人的价值观决定他的行为一样，企业的行为取向也是由企业价值观决定的。管理者要塑造核心价值观，凝聚和代表管理人员与员工共同的思想观念。

企业员工生活在共同的环境下，肯定会受到特定企业文化的熏陶。在企业文化不断凝聚下，形成无坚不摧的向心力，整个团队激发出巨大的能量，实现高效的成绩。

图书在版编目（CIP）数据

高效能人士的100种工作方法 / 顾嘉著．— 3版．—北京：中国法制出版社，2019.9

ISBN 978-7-5216-0406-1

Ⅰ．①高…　Ⅱ．①顾…　Ⅲ．①工作－效率－通俗读物　Ⅳ．① C935-49

中国版本图书馆CIP数据核字（2019）第164264号

策划编辑 / 责任编辑：陈晓冉（chenxiaoran 2003@126.com）　　封面设计：李　宁

高效能人士的100种工作方法

GAO XIAONENG RENSHI DE 100 ZHONG GONGZUO FANGFA

著者 / 顾　嘉

经销 / 新华书店

印刷 / 三河市国英印务有限公司

开本 / 710毫米 ×1000毫米　16开　　印张 / 13.5　字数 / 201千

版次 / 2019年9月第3版　　2019年9月第1次印刷

中国法制出版社出版

书号 ISBN 978-7-5216-0406-1　　定价：42.80元

北京西单横二条2号　邮政编码100031　　传真：010-66031119

网址：http://www.zgfzs.com　　编辑部电话：010-66071900

市场营销部电话：010-66033393　　邮购部电话：010-66033288

（如有印装质量问题，请与本社印务部联系调换。电话：010-66032926）